JN118847

日記で読む日本史5

倉本一宏 監修

日記から読む摂関政治

古瀬奈津子
東海林亜矢子 著

臨川書店

まえがき

摂関政治が行われたいわゆる摂関期を、日記史料を使わずに語ることは不可能であろう。日記が多く書かれ多く残る我が国において、摂関期は日記を書くことが多くの人（といっても男性貴族が中心であるが）の日常に根付いた最初の時代であった。本書に登場する日記は、いわゆる私日記の類だけでも十以上を数える。約千年後の今日まで、これだけの量の個人の記録が残ったのは、支配者層における記録の必要性という書く側の理由と、その記録を子孫たちが実利を伴う「家宝」として大事に伝えたという伝える側の理由が揃ったためであろう。

九世紀後半を最後に、『日本書紀』以来、連綿と続いていた官撰歴史書の編纂は終焉を迎えた。折しも当時、貴族社会の身分秩序は「私」の重要度が増し、同時に儀式・儀礼は政務と一体不可分の関係性を強めて再編成されていた。摂関政治において、必ずしも先例をそのまま墨守するのみではないものの、先例や故実が非常に尊重されたことは間違いない。そのため、官撰歴史書が途絶えた以上、先例となる政務や儀式を個人が記録する日記の必要性が増すのは当然であった。いや、日記の盛行と編年体の史書の途絶は確かに関係しているのだろうが、たとえ史書が編纂され続けたとしても、やはり日記は書かれたのではないだろうか。外記日記や殿上日記といった官司の公日記も存在したが、それとは別に、それぞれの立場における情報を個人として集積する必要性は私日記という形でしか満たせなかったように感じる。日中行事、月中行事、年中行事として繰り返される儀礼を滞りなく遂行するために、自らのための備忘録は必要であり、同時に詳細な記録を子に、孫に伝えることで他者より優位にたつこともあり得たのである。

（前略）昨日の公事、若しくは私に心得ざる事等、勿忘に備えんが為、又、聊か件の暦に注し付すべし。但しその中の要枢の公事、及び君父の所在の事等、別に以って之を記し、後鑑に備ふべし。

これは十世紀半ば、右大臣藤原師輔が当時の公卿の生活や心得を説いた『九条殿遺誡（ゆいかい）』の一文である。あらかじめ具中暦に年中行事を記しておき、毎朝、吉凶とともに見て、準備せよというスケジュール管理のすすめに続き、前日の公事や気になった私事を備忘のために暦に書きつけるように、さらに特に重要な公事や、天皇や父が参加した事については、暦とは別に記して後の手本にしなさい、と説いている。まさに当時の男性貴族が日記を付けるいちばんの目的は、朝儀遂行のためであった。そしてそれを師輔が子孫に伝えるべき遺誡の第一条に挙げていることは見逃せない。まとまって現存する臣下の私日記の最初は師輔が敬愛した父忠平の日記であり、続くのは師輔自身や兄実頼の日記である。彼らの一族の日記が多く残っている理由は、いわゆる摂関家として長く繁栄した子孫によって彼らの日記が大切に引き継がれたためである。しかしもしかしたら、情報を財産として次代に受け継ぐというスタンスの日記の重要性にいち早く気付き家訓として伝えた家だからこそ、その繁栄を手にできたという面もあるのではないだろうか。

ここで本書に登場する主な日記について、時代順に簡単に紹介しておこう。まとまって伝わる私日記の最初は、九世紀末の宇多天皇による、通称『宇多天皇御記』である。その子醍醐天皇、さらにその子村上天皇が残した日記とあわせて「三代御記」と呼ばれている。天皇自身の日記ということで少なくとも鎌倉末までは天皇家で大切に保管されていたようだが（『花園天皇宸記』正中元年〈一三二四〉十二月晦日条）、その後の戦乱で多く散逸したらしい。それでも逸文と『延喜天暦御記抄』という残篇一巻が現代に伝わっている。また、醍醐天皇の皇子で当代有数の教養人でもあった式部（＝吏部）卿重明親王の日記も逸文が集成され『吏部王記』と呼ばれている。父天皇とのやりとりも含め、朝儀に関する貴重な記事を伝えてくれる。ちなみに重明親王は師輔の二人の娘の婿でもあった。

そして、既述のように、現存する臣下の日記の中では、藤原忠平の『貞信公記』が最も古くまとまって残っている。忠平は甥の朱雀天皇の治世で宇多・醍醐朝に途絶えた摂関の地位に再びつき、摂関政治最盛期への足掛かりを作った人物である。そしてその子で九条殿と呼ばれた右大臣藤原師輔は冷泉・円融天皇の外祖父となった人物で、『九条殿遺誡』に記した通り、暦に記した日次記である『九暦抄』や別記である『九条殿記』などから成るいわゆる『九暦』を残したのであった。

さらに彼の兄、摂政、関白を長く務めた実頼の日記『清慎公記』は、師輔の九条流に対して小野宮流有職故実の祖となった人物の記録としても重要である。残念ながら逸文しか残っていないが、孫にして養子である実資がしばしば言及しており、当時の日記が子孫に秘蔵され参照されたことをよく伝えてくれている。その実資の日記が、摂関政治を伝える日記の双壁の一つ、『小右記』である。蔵人頭として、公卿として、近衛大将として、大臣として活躍した実資の六十年以上にわたる日記が相当量残っているのは、我々にとって僥倖と言うしかない。

そして双壁のもう一つが、摂関政治の最大の主役、藤原道長の『御堂関白記』である。一条朝・三条朝・後一条という長期間にわたって政権を担当した人物の足掛け二十四年間の記録である重要性と共に、世界最古の現存する日記自筆本という意味でも貴重で、ユネスコ記憶遺産に登録されたのも記憶に新しい。

この双壁と時期が重なり、単独の価値と共に、その立場の違いから比較検討材料としても重要な『権記』は、蔵人頭として、後には「一条朝の四納言」の一人である有能な公卿として、さらに三蹟の一人としても名高い藤原行成の日記である。さらに後一条朝に有能な弁官として活躍し、当時の実務を詳しく伝える源経頼の『左経記』、時期がやや下って後一条朝から後冷泉朝、摂関政治の末期を記すのは実資の養孫、藤原資房の『春記』で、これらすべての日記が摂関政治のさまざまな姿を伝えてくれているのである。

改めていうまでもないが、摂関政治とは、平安時代、九世紀半ばの清和朝において人臣摂政が誕生して以降、上皇が政治の実権を握り院政が始まる十一世紀後半までの二百年弱の時代に中心的であった政治体制である。その時代を摂関期と呼び、主に〝天皇との私的関係〟によって得られる地位である摂政・関白を中心に、主に〝天皇と上級貴族の合議によって〟政治が動いていた。狭義では摂関が常置となった冷泉朝以降を指すこともあるが、実際には冷泉の二代前の朱雀朝に摂政・関白となった藤原忠平の時にその道筋が確立したのであり、それができたのは、忠平の妹穏子が醍醐皇后となり朱雀・村上両天皇の母となったからである。そこで、本書では穏子と忠平の時代から始まり、最盛期の道長の時代を中心に、摂関政治の終末期まで言及していくこととする。

そして、その時代を動かした異なる二つの面から切り取ったのが本書の特徴でもある。一方は、〝天皇との私的関係〟の最たるもの、血縁関係の要となる後宮の后妃、もう一方は〝天皇と上級貴族の合議〟メンバーである男性貴族である。時に後宮というと君主の好き嫌いの問題のようにも考えられがちであるが、摂関政治における後宮とは政策の重要局面であり、君主の恣意で決められるものではない。また、当時の男性貴族は雅な文化的行為や恋愛ばかりしていたようなイメージがあるかもしれないが、日記を読めば、早朝から夜中まで、彼らが身を粉にして働き政策決定・遂行をしていることがよくわかる。これら両者が絡まり合っての摂関政治であった。

そこで、本書では第一章で后妃らの後宮の視点から、第二章で天皇・男性貴族らの視点から、それぞれ摂関政治を見ていく。両方の視点から見ることによって摂関政治の理解がより深いものとなることを企図している。もちろん中心となるのは日記史料である。歴史の当事者たちが記した記録から、摂関政治の姿が浮かび上がる様子を楽しんでいただければと思う。

二〇二〇年五月

東海林亜矢子

目次

第一章　後宮から見た摂関政治

東海林亜矢子

はじめに――摂関政治における后妃とは

今日より三七箇日（＝二十一日間）、御幣を春日御社に奉る。又、興福寺釈迦堂、御明一坏を奉る。又、南円堂、五坏御明を奉る。皆今日より三七个日を限り供え奉る所也。扶公師に付して奉らしむ也。又、今日より三日を限り済救師を以て石山寺の如意輪を供えしむ。皆、女児之祈願を申す也。

〔『小右記』正暦元年（九九〇）九月五日条〕

六十三年に及ぶ摂関期の重要記録『小右記』の記主藤原実資はこのとき三十四歳、同年七月十一日に幼い一人娘を亡くしたばかりであった。四か所に女児祈願をしているこの記事の前後にも、石清水社で「女児之大願」と願書に記し、長谷寺の御堂に「女児を乞う祈願也」と御明三万燈等を奉っている。いずれも京都近郊の有名な寺社である。亡き娘の四十九日が終わった数日後から次の女児祈願に励む実資を冷たいと思うのは現代の感覚で、一族の繁栄を願う従三位参議の王朝貴族にとって、入内させる女子はどうしても必要だったのである。

摂関政治とは、摂政や関白が天皇大権を代行あるいは、輔弼して政治を進めていく政治体制である。もちろん基本形は最終決定者である天皇の下での合議制であるから、決して摂関が独裁的に政治を行うわけでも、天皇の意思を無視するわけでもない。しかし時に摂関が一臣下というにはその枠を超え、より王権側に位置したこともまた事実である。その主な根拠は血縁の論理である。天皇の外戚、基本的には天皇生母の父や兄弟、つまり外祖父および外伯父・外叔父であることであった。

実際には例外もあり、例えば花山朝の天皇外叔父義懐は摂関に就任してはいない。しかし義懐が二十代の権大納言にして政治を主導できたのは外戚であるからに違いなく、花山朝が長く続けば亡父伊尹同様、摂関に就任したであろう。また、冷泉朝の実頼（外祖父の兄）、円融朝の頼忠（外祖父の兄の子）のように血縁関係が薄くても摂関に就任した例はある。二人とも政治経験の長い藤氏長者であったが、それでも権力を掌握するには不完全であった。実頼が日記『清慎公記』（『源語秘訣』所引）の中で、官位も年齢もずっと下である弟の子供たち、しかし時の冷泉天皇の外叔父である伊尹ら「外戚不善の輩」の前では、自らは「揚名関白」（名のみの関白）にすぎないと自嘲するしかなかったことが、端的に表している。

九世紀末以降、昇殿制や公卿・殿上人・諸大夫制など当代天皇との個人的な関係が貴族社会の構成論理となると[1]、天皇との究極のミウチ関係である血縁はもっとも重要な政治的要素とも言える。そのため上級貴族にとって、娘や姉妹を天皇または皇位継承予定者に入内させ、その間に皇子の誕生をみれば立太子を目指し、その登位と共に摂政または関白に就任するという道程は、もっとも正攻法かつ理想的な政権獲得方法であった。つまり平安貴族にとって娘や妹を入内させて天皇と個人的なミウチ関係を築くことは、まさに政治手段であったのである。本章において後宮「政策」の語を使用する所以である。

天皇側にとっても決して受動的に嫌々関係性を結ばされたわけではない。多くの天皇は進んで有力な上級貴族らと婚姻関係を結び、有力な後見者を持つ皇子の誕生を望んだはずである。特にこの時期は、兄弟相続がしばしば見られたために天皇家の血統が分かれ、両者が交互に皇位を継承していく、いわゆる二統迭立の形が多かった。それゆえ自らの治世が安定するため、さらに別系統ではなく自らの子に皇位を継承させるため、摂関となり得る有力貴族と血縁で結ばれることは天皇側にとっても非常に重要なことであったのである。

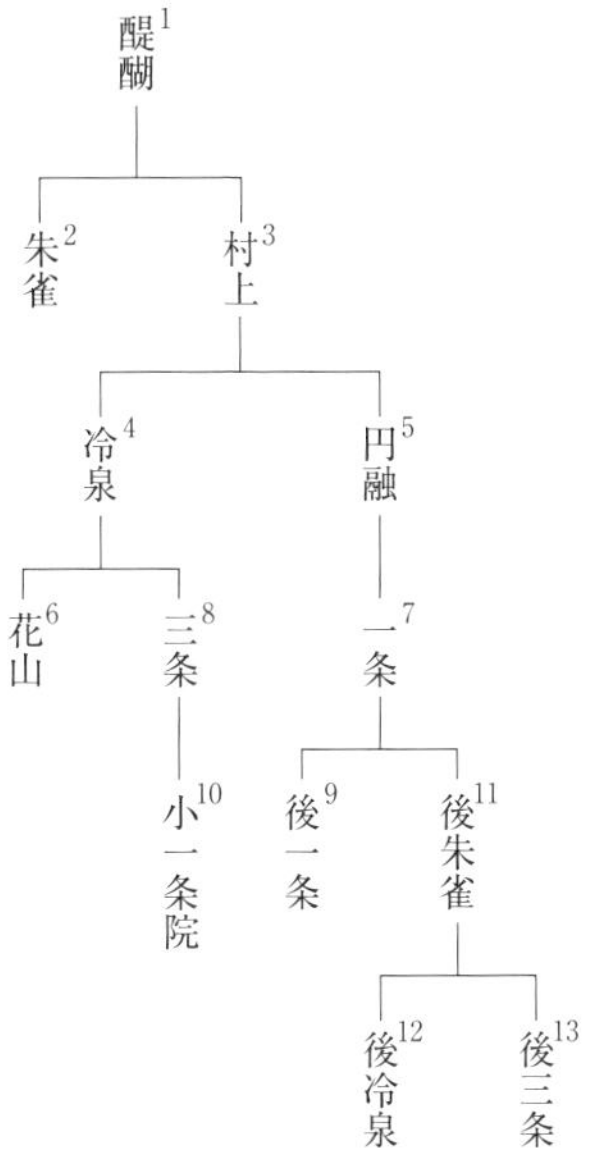

醍醐[1]
├ 朱雀[2]
└ 村上[3]
　├ 冷泉[4]
　│├ 花山[6]
　│└ 三条[8] ─ 小一条院[10]
　└ 円融[5] ─ 一条[7]
　　├ 後一条[9]
　　└ 後朱雀[11]
　　　├ 後冷泉[12]
　　　└ 後三条[13]

図1-1　二統迭立の皇位継承
（数字は立太子順）

どの国、どの時代においても、後宮の政治的重要性はそれなりに存在するが、平安時代、なかでも九世紀後半から十一世紀の日本は、后妃の存在によって政権担当者が左右されるという、まさに後宮と政治が直結する時代であった。そこで本章では、摂関政治体制の根拠ともいうべき後宮、具体的には后妃たちについて見ていきたい。

さて、冒頭の実資の祈りは、しかし、なかなか届かなかった。五十歳を過ぎてからようやく娘を授かるも時すでに遅く、入内させることはできずに終わる。名門に生まれ有能で勤勉な実資をもってしても、懐妊・出産・男女など偶然に多分に左右される後宮政策においては完全な負け組であった。後宮政策における摂関期最大の勝ち組である九歳下の藤原道長に対して、実資は政治的立場においてもその後塵を拝するしかなかったのである。

第一節　藤原穏子と摂関政治の復活

「大后」藤原穏子

摂関期の后といえば、まず誰を思い浮かべるであろうか。紫式部が仕えた藤原彰子か、それとも弟道長を摂関に任じるよう天皇の寝室まで押しかけたという藤原詮子か。ともに非常に重要な后で第二節以降に見ていくが、摂関政治の変遷を見るにあたって最初に挙げなくてはならないのは、藤原穏子である。一般的な知名度はやや劣るかもしれないが、穏子は延喜の治を行った醍醐天皇の妻として、また朱雀・村上両天皇の母として、三十年以上ただ一人后位にあった人物である。『大鏡』に「世の大后とこれを申す」と記され、また『西宮記』や『江家次第』といった平安時代の儀式書の中でも「大后」と記されるなど重要視されていた。穏子が生きたのは、九世紀後半に初の人臣摂政や関白に任じられた良房や基経の死後、宇多・醍醐の天皇親政期を経て、朱雀朝に藤原忠平が摂政に就任し、いわゆる摂関全盛期へと向かう時代であった。否、朱雀天皇と忠平の関係が母后穏子の存在によって甥と外伯父であったことを考えれば、摂関期をもたらした人物の一人が穏子であったとも言える。そこで、親政期から摂関期へと移る流れを穏子を中心に後宮状況から紐解いていく。大后穏子のスタートは前途多難であった。

穏子の入内

穏子は関白藤原基経の娘で、母は光孝天皇の同母弟人康親王王女という最上層の姫君である。七歳の時に父を亡くすものの、同母兄の時平は醍醐即位時に菅原道真と並んで「奏請宣行の詔」を受け、文書行政上は摂政に准じる内覧となっている。廟堂トップの妹である穏子が同じ十三歳の醍醐に入内するのはごく自然な流れであろう。しかし、穏子入内は順調には運ばなかった。醍醐元服夜に入内するキサキ、いわゆる添臥に選ばれたのは、光孝天皇皇女で母は宇多母后班子女王、つまり醍醐の叔母にあたる為子内親王であった。

この事情について伝えるのは穏子の甥にあたる藤原師輔の日記『九暦』である。約五十年後、村上天皇の諮問を受けて過去の立太子例を挙げる中、村上母后穏子の入内と村上同母兄にあたる保明親王立太子の事情を語っている。

延喜天皇（＝醍醐）始めて元服を加うるの夜、東院后（＝班子女王）御女妃内親王（＝為子内親王）幷びに今太皇太后（＝穏子）共に参入せんと欲す。而るに法皇（＝宇多）、母后の命を承わりて中宮（＝穏子）の参入を停めらる也。其の後、彼の妃内親王、いくばくならずして産に依りて薨ず。其の時彼の東院后宮、浮説を聞くに云く「中宮母氏の寃霊に依りて此の妖有り」と云々。之に因りて重ねて中宮の参入を停めらると云々。而るに故贈太政大臣時平、左右を廻らし参入せしむ也。法皇、怒気有りと雖も事すでに成る也。遏（とど）め給うにあたわず。大后、幾程を経ずして男皇子（＝保明親王）を産む。延喜天皇、旧例存すといえども法皇の命を恐（かしこ）むる為、敢えて其の儀に及ばずも、贈太政大臣、此の気色を見て相議して上表する也。（後略）

〔『九暦』天暦四年（九五〇）六月十五日条〕

天皇の婚姻に対する母后（この場合は祖母后）の影響力を表すことで有名な記事である。これによれば、穏子は二度にわたって入内を阻止されている。一度目は醍醐朝初日の寛平九年（八九七）七月三日、新帝元服の夜である。祖母后の娘が添臥に選ばれただけでなく、穏子入内そのものが停止された。

二年後、妃為子内親王は皇女を産み、産褥で命を落とす。おそらく唯一のキサキであった為子内親王の死により、再び穏子入内が計画された。しかしまたしても不首尾に終わる。為子内親王の死は穏子母の怨霊の仕業だという風説が流れ、それを聞いた祖母后班子女王がまたも反対したからだという。実際

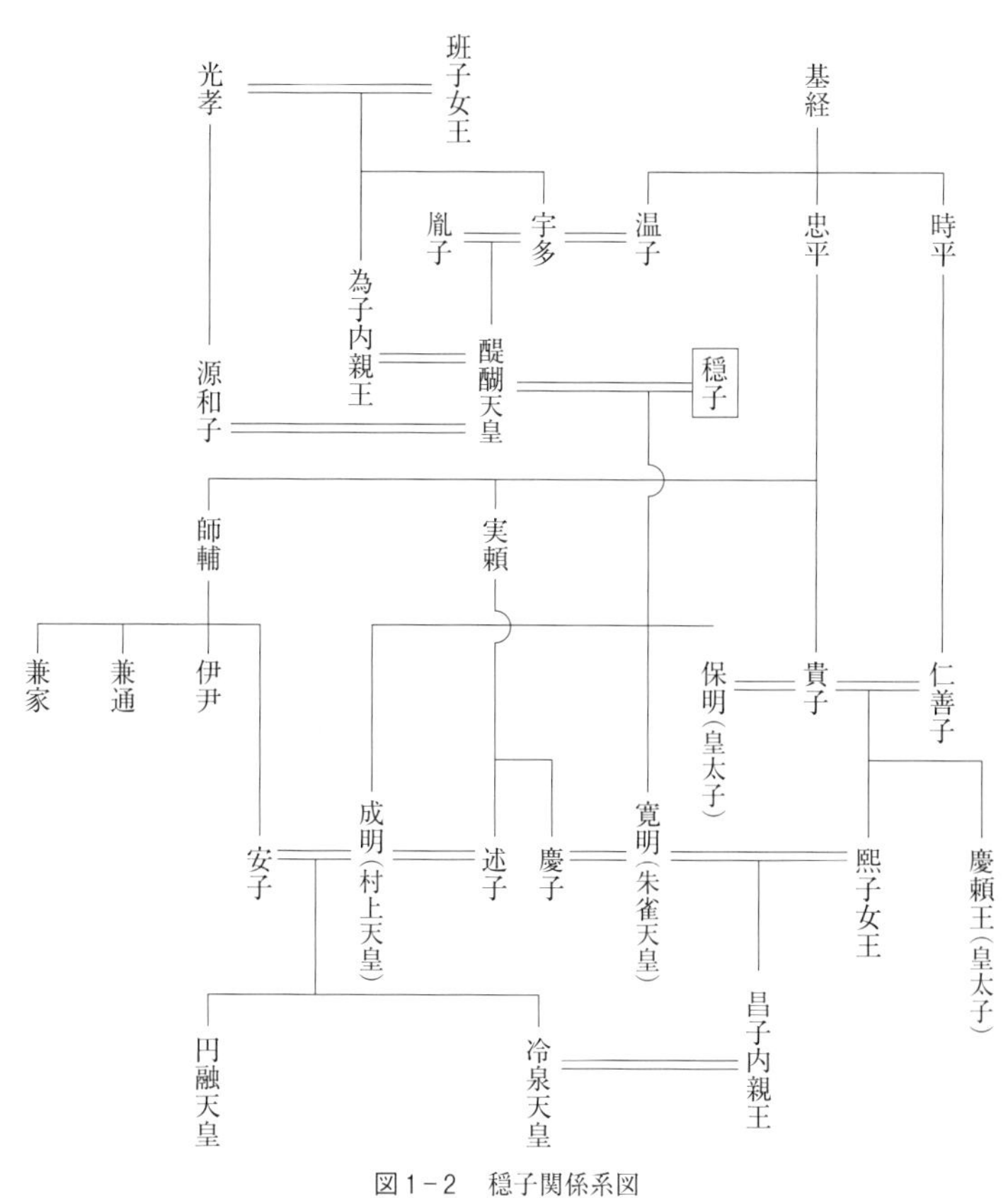
光孝
班子女王
基経
宇多
温子
忠平
時平
胤子
為子内親王
醍醐天皇
穏子
源和子
師輔
実頼
兼家
兼通
伊尹
保明（皇太子）
貴子
仁善子
安子
成明（村上天皇）
述子
慶子
寛明（朱雀天皇）
熙子女王
慶頼王（皇太子）
円融天皇
冷泉天皇
昌子内親王

図1－2　穏子関係系図

にその噂だけが理由なのかはわからないが、再び穏子入内は阻止された。翌三年、穏子入内に反対し続けた班子女王は薨去するが、事態は変わらなかった。生母の亡い醍醐にとって唯一の親権者として婚姻決定権を有している宇多上皇が許さなかったのであろう。

しかし結局、穏子の入内は強行された。宇多に漏れないよう秘密裡に内裏に入り、既成事実としてしまったのである。『九暦』には左大臣時平が策を廻らせたとあるが、もちろん当事者である醍醐天皇の了解があったことは間違いない。醍醐が時平に篤い信頼を寄せていたことは『醍醐天皇御記』（以下、『醍醐御記』）からも明らかである。[2]皇太子時代は春宮大夫として、即位後は内覧左大臣として身近にあった時平を、醍醐は己の治世を支える功臣として遇しており、父院が激怒するとわかっていても、穏子入内による強い連携を望んだと考えられる。

内々に行われたためか、穏子の入内は『日本紀略』（以下、『紀略』）等にも記事が残っていない。上記の『九暦』がほぼ唯一の史料である。そのため入内時期については諸説あり、近年は『紀略』や『大鏡裏書』が載せる延喜元（九〇一）年三月の女御宣下記事にも疑義が出されているほどである。[3]強硬策を取り得たことを考えれば、入内は少なくとも昌泰の変（九〇一年一月）において右大臣菅原道真が太宰府に流され、廟堂における宇多の影響力が大きく低下し醍醐・時平の政治体制が固まった後のことであろう。穏子が内裏にいると考えられる飛香舎藤花宴の記事（『醍醐御記』延喜二年三月二十日条）が下限と考えられるから、その間の一年余の間に穏子入内が成ったと考えられる。最初に入内が企てられてから四、五年が経っていた。

穏子にとって幸運なことに、この間、醍醐に皇子は生まれなかった。そして入内後まもなく懐妊し、第二皇子保明を産む。同年生まれの第一皇子は皇位継承資格が無いと言われる更衣腹であった。前掲『九暦』によれば、醍醐はすぐに保明の立太子を考えている。生後一年未満の皇太子の先例は清和・陽成とあるものの、宇多法皇は穏子の子を皇太子にすることに反対である。そこで父院との関係悪化を避けるため、醍醐の意思としてではなく、時平が主導し臣下が請う上表という形をとって、保明は生後三カ月で皇太子に立てられた。宇多は再び激怒したであろうが、信頼する時平に次代をも託すという醍醐の意思表示であり、上級貴族らも賛同したからこそ上表を行ったのであろう。清和朝の貞明（陽成天皇）以来の、藤原北家嫡流の血を引く皇太子の誕生であった。

宇多と藤原基経

宇多はなぜ穏子入内も保明立太子も執拗に反対したのか。もともと宇多と穏子の父基経との仲は複雑である。基経の後ろ盾がなければ光孝・宇多親子の登位はあり得なかったという意味では大きな恩義がある。一方で宇多にとって基経は必ずしも味方ではなかった。それを端的に表すのが仁和三年（八八七）のいわゆる阿衡の紛議である。周知のように、宇多が即位直後に出した詔勅の文言をめぐり、基経が半年以上、政務をサボタージュしたことにより国政は混乱、宇多の全面謝罪によりようやく和解となった事件である。また、宇多は即位当初、内裏外の東宮に居住していた。内裏に入ることができたのは、即位から二年半後、基経薨去一ヶ月後を待たねばならなかった[4]。さらに遡れば孫王時代の宇多は、陽成天皇を廃位に追い込んだ基経の力を目の当たりにしていたはずである。阿衡の紛議の最終盤、「朕、遂に志を得ず。枉げて大臣（＝基経）の請に随う。濁世の事、是の如し。長大息を為すべき也。」（『宇多天皇御記』〈以下『宇多御記』〉仁和四年六月三日条）と自ら日記に記したように、天皇権力と敵対関係になり得る摂関の勢威には嘆息するしかない経験を何度もしている。個人的な屈辱感はさておき、政治に意欲的な宇多が摂関政治、あるいはその担い手の最右翼である基経流を警戒するのは当然で、その血を引く皇位継承者が生まれないように穏子入内を阻止しようとしたのである。

宇多は基経の死後、摂関を置かず、清和朝以来、良房・基経と続いた摂関政治は中絶した。基経が五十六歳でこの世を去った時、嫡男の時平が二十一歳とまだ若年であったことも宇多に味方した。菅原氏や橘氏なども重用し複数の貴族たちのバランスを取って親政を行ったのである。そして『寛平御遺誡』から明らかなように、譲位後も醍醐が自分の路線を引き継ぐことを望んだ。もちろん藤原氏と全面的に対立しようとしたわけではない。年若い醍醐の治世において藤原氏のバックアップは必要であるから、時平を廟堂トップとし、また基経女の温子に、二年前に生母を亡くした醍醐の養母という肩書を与え皇太夫人としている。ただし前者については菅原道真という有能な側近を両輪の一人として残し、後者についても、温子は生母のように内裏居住や醍醐の婚姻への影響力行使が可能になったわけではなく、経済上の特典以外はほぼ名のみの后でしかなかったのである。

宇多の後宮政策

摂関政治を排除しようとした宇多の後宮政策をもう少し詳しく見てみたい。臣下から登位した宇多は、桓武系王族である外戚も、一孫王として結んだ婚姻を含むキサキの出身も有力な家筋と言えない。唯一の例外は、阿衡の紛議の解決策として入内した基経娘の温子である。温子は入内の二年後に出産したが、皇女であった。その翌年に基経は薨去、それ以降、温子が懐妊しなかったことには宇多の意図を感じるべきかもしれない。

宇多の意図がより現れているのは、皇太子の人選とタイミングである。基経薨去から二年後の寛平五年（八九三）、宇多は第一皇子敦仁（醍醐）を皇太子に立てる。温子は二十二歳と年齢的には皇子を産む可能性は十分あった時点での決定であった。新皇太子の母は藤原北家傍流の高藤娘胤子である。高藤は天皇外戚をもって晩年に内大臣まで上るが、敦仁立太子時点では従四位下播磨権守にすぎず、関白位につけるような人物ではなかった。そして譲位は、摂政を設置しなくてもよいように敦仁元服日に敢行された。宇多はこの時三十一歳、道真らを政権担当者として残し、年若い天皇への影響力を確保した上での譲位であった。

つまり宇多は自らの外戚や後宮に有力氏族がいないことを逆利用し、藤原主流派の血をひく皇子が生まれ摂関政治が復活することのないよう、後宮を意図的にコントロールしようとしたのである。しかし結局、穏子は入内した。宇多同母妹の為子内親王も、その後入内した異母妹の源和子も、保明立太子以前に産んだのは皇女であった。やがて穏子の子（ただし保明は薨じたため弟寛明）が即位した時、宇多は存命であったが、再び摂政が置かれ摂関政治が再開される。その原因の一つは、穏子入内を阻止できなかったことだったのである。

醍醐と穏子

穏子が朱雀朝や村上朝で母后として天皇とミウチ摂関の紐帯となり、摂関政治体制の要となることは知られているが、この権力構造は、実は醍醐朝の女御時代から垣間見える。『醍醐御記』を見てみよう。

延喜九年、七歳になった皇太子保明が醍醐に初朝観を行う。当時、后所生でない天皇の子は里方で育てられるのが基本であった。内裏に参入し、父天皇に初めて公的に対面し挨拶をするのが七歳前後で行われる初朝観、初対面儀である。(5)

> 皇太子始めて朝観す。輦に乗り玄輝門より入る。清涼殿北簷(ひさし)に至りて輦を下り、息所(=穏子)直曹に候ず。(中略)即ち太子進みて御座に当たりて拝舞す。寛平、南方より入り又庇にて舞踏す。此度、太子幼歯を以て殊に正廂を用いて拝す。此間左大臣(=時平)、簾下に候じ引き奉る。礼了りて還る。更に侍所に召す。此座平敷。又左大臣を召し語ること云々。息所藤原朝臣に従二位を授く(割注略)。此時又太子に御衣を給う。舞踏し退去す。此度、左大臣近侍す。太子をして又廂にて拝さしむ。
>
> [『醍醐御記』延喜九年二月二十一日条]

保明は居所の大内裏東宮から内裏に参入し、清涼殿北廂にある穏子の弘徽殿上御局で一息入れてから天皇御前で拝舞を行った。宇多朝に醍醐が皇太子として初拝覲した時はおそらく九歳で、又廂で拝舞したが、保明は七歳と幼いため特別に正廂で拝舞させたという。ただし、その後、天皇が南廂の侍所（後の殿上間）[6]に保明を召し、御衣を下賜したことに対する返礼の拝舞は又廂で行わせている。それについて醍醐は、先ほどは簾下に控えていた時平が今度は近侍しており、先例どおり又廂で拝舞させたと記す。皇太子の後見役としての時平への信頼の篤さが見てとれる。皇太子、補佐する伯父左大臣時平、このハレの日に加叙された上御局にいる母女御穏子という光景からは、天皇・母后・ミウチ摂関というまさに摂関政治の典型的な類型を彷彿とさせる。その場にいた貴族らにも安定的な次代の政治体制として映ったのでないか。

また、この三年後、十歳になった皇太子保明の正月拝覲の記事では、年頭挨拶の拝礼を行った後に注目したい。

大納言藤原朝臣（忠平）を召し、皇太子をして女御藤原朝臣（穏子）を拝さしむことを仰す。年来、事謬（あやま）りて此事を得ず。仍て仰せて行わしむ。只、簾中拝なり。

［『醍醐御記』延喜十二年正月四日条］

醍醐は年来、皇太子保明に母女御を尊び正月拝礼を行わせたいと考えており、この年ようやく実現できたと記す。天皇家内の父母子秩序を表す天皇の正月朝覲は父院と共に母后も拝礼の対象である[7]。が、皇太子による正月拝覲においては拝礼対象となるのは父天皇のみであった。ここで母女御を皇太子に拝礼させることによって、数ある女御の中から穏子を次代の母后としてクローズアップし、その権威を高めることにつなげようとしたのであろう。実は、次代を支えることが期待された時平はこの三年前に突然亡くなっている。氏長者を引き継ぐ同母弟忠平はまだ三十歳の参議であった。まもなく大納言になるが、上席の大臣もいた。醍醐が実現させた母女御拝礼は、後見であった時平の死によってやや不安定化した皇位継承と次代のために、皇太子母の権威上昇を狙ったパフォーマンスと考えられるのである。

保明親王が行った皇太子による母への正月拝礼は、その後、ほとんど史料に残らない。わずかに村上朝に朱雀院に滞在していた皇后安子に対し皇太子憲平が行った例が見えるのみである。また、初朝観後の生母拝礼も、三条朝に枇杷殿に住む生母である皇太后彰子に対し皇太子敦成が行った例が残るくらいである。後で触れるように、このとき穏子に対する皇太子寛明の例が参照されたが、『小右記』によればその有無自体も不明だったようである。天皇の朝覲行幸が同居母后には行われるものではなかったことを考えると、寛明は内裏で穏子と同居していたために行われなかったのかもしれない。後一条朝になると、道長によって、さらなる母后の権威化のため同居母后へも天皇朝覲が開始される。皇太子もまた同様で、皇太子敦良による母后彰子への内裏内での拝観、あるいは内裏外での拝観行啓が正月恒例として大々的に行われることになる。天皇あるいは皇太子が生母に拝礼するという「母后」への尊崇を可視化する、摂関政治を象徴するともいえる儀礼である。その嚆矢ともいうべき儀礼が、実は天皇親政期の醍醐によって行われていたのであった。

このように穏子とその家筋に対する醍醐の信頼は格別なものであった。最も顕著な例は皇太子位の継承である。延喜二十三年、皇太子保明が二十一歳で亡くなると、醍醐は保明と時平娘の間に生まれた慶頼王を皇太子とした。十人以上いる自らの皇子を差し置いて生後一年半にも満たない孫を立太子するために、その祖母である穏子を九十年ぶりの皇后に立てて、その血筋を尊貴化するという離れ業を行うのである。さらに二年後、慶頼王が亡くなると、穏子立后直後に誕生した第十四皇子寛明を皇太子とした。天皇親政を行い聖代と称えられた醍醐天皇であるが、穏子の血流への重要視は揺るぎない。その理由が穏子への愛情なのか、穏子の能力を見込んでなのか、亡き時平への哀惜からくるのか、全くわからないが、結果としてそれが天皇親政を終わらせ摂関全盛期へとつながっていく。事実、醍醐は譲位時に「左大臣藤原朝臣（＝忠平）は幼主を保輔し政事を摂行せよ（「摂行政事」）」という詔を下し、朱雀朝において穏子の同母兄忠平が陽成朝以来の摂政に就任し、摂関政治が復活することになるのである。

母后の内裏居住と皇太子

ところで、平安初期、母后は内裏に住むことができなかった[8]。嵯峨朝初めの薬子の変（平城上皇の変）後、平安宮内裏を現天皇のものとして位置づけるために前天皇の内裏滞在は禁忌となり、前天皇后妃も内裏から排除された。そのため、前天皇后妃である母后は内裏に入ることができなくなったのである。

ところが、九世紀後半の前期摂関期ともいうべき良房・基経政権期に母后の内裏居住が始まる。文徳朝に天皇と外伯父で廟堂トップの藤原良房の間に根深い対立が起こり、天皇が内裏に住めないという前代未聞の状況となった。そこでその解決策として、母后が天皇と同居し母后親族と天皇の間を取り持つことで、両者のミウチ意識が醸成され、政務が円滑に運ぶようになることが期待されたと考えられる。少なくとも良房娘である清和母后明子以降、子の即位時に健在であれば、母后は内裏に住むことになったのである。

そして穏子によってさらに内裏後宮の風景は一変する。既述のように七歳対面儀以前の皇子女が内裏に参入することはできなかったし、それ以降も后が産んだ皇子女以外は内裏に住むことはできなかった。しかし穏子が皇后となって以降、后所生の皇子女のみ誕生直後から内裏後宮に住むようになり、その流れで皇太子の内裏居住が始まるのである。

立后以後、穏子の子供たちは内裏に住んでいる。例えば、立太子以前の寛明は、二歳の魚味始（まなはじめ）も三歳の着袴も穏子居所の弘徽殿で行われ、成明（後の村上天皇）出産後の穏子は内裏に戻る際、成明や康子内親王を伴っていることが、忠平の日記『貞信公記』で確認できる。また、皇太子は本来、大内裏内（内裏外）の東宮がその居所と決められていた。ところが東宮で保明が亡くなり、二年後に大内裏の職御曹司で次の皇太子慶頼王も亡くなったことから、道真の怨霊が取り沙汰された。そのため醍醐天皇や穏子は、次に皇太子となった寛明を内裏外に出さなかった。『醍醐御記』延長三年（九二五）十月二十一日条に「太子幼稚にして処を別つべからず。仍て定有りて宮（＝穏子）と同じ殿に居さしむ」とあるように、寛明は立太子後も母と同じ内裏後宮の殿舎に住んだのである。

発端は道真の怨霊への恐怖であったが、これ以降后所生の皇子女の内裏居住も皇太子の内裏居住も通例のこととなる。それによって、次代の天皇である皇太子をその膝下に置く皇太子母の権威は当然高まる。また后が皇子女を幼いころから内裏で育てることは、他の女御らとの明らかな格差を可視化することにもなる。后の権威は現天皇の嫡出子の権威となるから、その後の皇位継承にも優位に働く。一方、母后親族にとっては幼いころから皇太子、さらに穏子のもとに次の皇太子となる成明がいたように立太子以前から有力皇子を取り囲み、ミウチ意識を高めることが可能なわけで、天皇にも后にも摂関にも、やめる理由はなかったのである。

ただし、皇太子の内裏居住について付け加えると、穏子の時点ではあくまで后所生であることがその根拠であった。村上朝で女御所生の憲平が皇太子となる時に「此の両太子（＝朱雀・村上）に至りては已に后腹親王也。敢えて因に准ずべきにあらず」（『九暦』天暦四年七月十一日条）とされ、内裏外郭門と内郭門の間にあり准内裏ともいうべき桂芳坊を居所とした。だがその四年後、理由を明らかにしないまま憲平は内裏梅壺に遷っており、この後は、母の身分に関わらず皇太子の内裏居住が通例となったのである。

朱雀朝に見る政権構造と後見

寛明が八歳で践祚し朱雀朝が始まると、数日で醍醐上皇が、八カ月で宇多法皇が崩御する。これ以降、朱雀天皇・外伯父の摂関忠平・母后穏子という三者が強力な権力中枢を構成して政治を領導した。類型としては摂関は外祖父である方がより安定的ではあるが、この場合、紐帯となる母后穏子に親権が集約されている点、内裏で同居していた点、後には忠平孫娘が入内するという点でもミウチ意識は非常に高く、摂関期の中でも安定した政権構造の一つとなった[9]。

穏子は朱雀朝十五年余りの間、常に内裏に居住し、朱雀を後見した。皇太子時代と異なり基本的に別殿ではあったが、病弱な朱雀がさまざまな理由で居所を変えると、穏子はその近くの殿舎に遷ることが多かった。例えば『本朝世紀』に「中宮（＝穏子）、弘徽殿より麗景殿に遷御すと云々。蓋し御在所綾綺殿を逐う也」（天慶元年〈九三八〉十一月三日条）とあるとおりである。

摂関政治を表すキーワードとして近年使用されるのが「後見（うしろみ）」という語である[10]。これは現在のような一般的な後ろ楯の意ではなく、同居を前提とした直接的かつ日常的な奉仕を指すという。天皇にとっての日常とは政治を排除するものではないから、同居母后が行う後見行為は、天皇の政治意志形成や政治的行為の補助に及ぶこともあると考えられる。母后同様、天皇に親権を及ぼせる父院は、前天皇として内裏から排除され続けるため、内裏同居そして同居を前提とした後見は母后独自の権能とも言えよう。

特に幼帝時には母后が天皇の輿に同乗して移動する記事が日記に頻出する。後見の実態が良くわかる事例である。穏子の場合も、醍醐皇子の重明親王が記した『吏部王記』延長八年の即位式の八省院行幸、承平二年（九三二）の大嘗祭御禊行幸において、あるいは『貞信公記』同年の大嘗会八省院行幸、翌三年の斎宮群行時の大極殿行幸などにおいて「母后同輿（どうよ）」と明記されている。移動中の輿の中はもちろん、行先での儀礼においても母后が天皇の近くでサポートをし後見の役割を果たしているのである。

ではここに摂関がどのように関わるかと言えば、摂関は公的な政務補佐と共に、母后が行うべき後見の代行機能を果たしていると言われる[11]。これが儀礼の場で可視的に表現されたのが、即位式への母后と摂関の関与方法であり、そこには穏子が大きく関わっている。

天皇即位式とは、八省院大極殿の母屋中央に置かれた天皇位を象徴する高御座に新天皇が上り、南庭に列立する臣下を前に即位を宣言する儀礼である[12]。直系相続が志向された奈良時代には、高御座の北廂（後方）東幔内に皇后（新天皇の母后）が夫から子への皇位継承を見守る座があった。しかし直系相続が珍しくなり、また皇后空位が続いたため、平安前期にこの場が機能することはなかった。そして久々にこの座に着くべき前天皇皇后で新帝母后である穏子は、天皇擁護の象徴である東幔内を摂政忠平に譲る。即位式を見守る皇后がいないことで生じる儀礼の停滞を憂いて、基本的には存在する摂関が東幔内に座を持つことで常に近侍し作法を指南することを可能にし、天皇の威儀を保持できるようにという判断であったという。先にも触れた『吏部王記』延長八年十一月二十二日条によると、穏子は天皇と同輿で八省院に来た上で、北廂西幔内で見守っている。次の一条母后詮子、あるいはその次の後一条母后彰子に行幸同輿は引き継がれ、さらに大極殿においては西幔を出て高御座に上り天皇と同座することに変化していく。天皇をごく近くで直接的に見守る母后、元々は母后代行として、天皇が作法を間違えないよう補佐・擁護する摂関という、母后と摂関それぞれの「後見」が典型的に現れた場面として評価されるのである。そのきっかけとなったのは穏子の譲りによって大極殿上に摂関が座を得たことであり、母后と摂関の連携による後見の可視化という新しい形態を創出したのであった。

中宮大饗

さて、もう一つ、摂関政治における后の重要性を示す儀礼が、穏子の時から始まっている。唐礼の影響を受けて平安初期に行われた皇后受賀儀礼の流れを汲み、御在所の庭での拝礼と、後宮正門である玄輝門廊での饗から成る中宮大饗である[13]。同日に同様の式次第で行われる東宮大饗と合わせて二宮大饗と呼ばれた、正月の年中行事である。穏子の立后は醍醐朝後半であったため、まず前半の延喜年間に穏子の第一子である皇太子保明が東宮大饗を開始し、中宮大饗は穏子立后の翌延長二年正月から始まった。生涯「中宮」と呼ばれた穏子を想定して整備された儀礼であるため中宮大饗と呼ばれるが、儀礼を行ったのは中宮＝皇后に限らない。むしろ、穏子が皇后でも皇太后でも太皇太后でも行えたように、天皇と関係性の深い后、つまり母后や妻后といった権力中枢の后の地位を強化するための儀礼であったと考えられる。それが皇后のみが行った皇后受賀儀礼との大きな違いであり、摂関政治における妻后のみならず母后の重要性を表していると言えよう。

さらに中宮大饗の特徴は、后に拝礼をするのが、天皇と人格的直接的に君臣関係にある内裏の昇殿者であるという点にもある。皇后はもちろん、天皇との私的な関係ともいえる血縁が権威の根拠である母后が、政治を中心的に担う昇殿者に君臨する存在であることを国家的儀礼という形で周知し明確化したということに大きな意味があったのである。

中宮大饗が盛んに行われたのは醍醐朝から後冷泉朝の約一五〇年間であり、まさに摂関政治の隆盛と重なる。摂関政治における后の重要性を明確化した中宮大饗は、これを毎年繰り返すことによって、穏子以降の后の地位や権威、影響力につながっていったと考えられるのである。

皇統形成と穏子

穏子は皇統形成に関しても大きな影響力を持っていた。まず、穏子の后妃選定への関与を見ておく。第一子の保明皇太子の場合、その元服夜の添伏に選ばれたのは、穏子の同母兄時平娘である。『醍醐御記』延喜十六年十月二十一日条に「東宮息所(=穏子)の許より書を奉る。東宮(=保明)元服夜に故左大臣(=時平)女を参入せしむべき事を申す。(中略)許す。」とあり、最終的な裁可は天皇が下しているが、女御時代であっても穏子の意向が大きかったことがわかる。もう一人の保明キサキはやはり同母兄忠平娘であった。

朱雀天皇の場合、二人しかいないキサキは穏子自身の孫女(保明と時平娘の子)と兄忠平長男実頼の娘であった。また、村上天皇の元服直後にキサキとなったのは兄忠平二男師輔の娘であった。まだ立太子以前にもかかわらず、一親王が内裏で婚儀を行うという前例のない出来事であり、これ自体、穏子の後宮空間への影響力が感じられる。さらに実頼娘も入内している。このように皇位継承予定者である三人の息子のキサキには時平流を含めた穏子の血縁者が多く選ばれており、忠平以上に穏子の意向が大きく影響したと考えられる。

穏子が関わったことが史料に残る保明のキサキ選定時、穏子はまだ女御であったから、第一義的には生母としてであり、つまり母権の関与と考えるべきであろう。その上で后であれば、さらに影響力は増す。元々、子の婚姻相手の選定に影響力のある生母が天皇の身近、それも后妃の居住空間である後宮にいることで、親族の娘を入内させ、それ以外が入内しにくいように、あるいは入内しても寵幸の機会に圧力をかけることも可能になる。もちろん偶然に左右される事柄ではあるが、母后の関与によって母后一族から皇子が生まれる可能性が増し、結果として特定一族が母后を独占しやすくなり、いわゆる摂関家が誕生する一因にもなったと考えられよう。穏子以降、院政期が始まるまで、天皇生母はすべて宇多が排除しようとした穏子の父基経流の出身者なのである。

穏子の皇位継承へ関わりとして名高いのは、朱雀天皇の立派な姿を見た穏子が「いまは東宮ぞかくてみきこえまほしき」と言ったところ、朱雀は母が皇太弟の即位姿が見たいのだと誤解して心ならずも譲位したという『大鏡』の逸話である。これが真実かはさておき、そのような言説が流布するほど、穏子の影響は大きかったのであろう。

また『九暦』には穏子が天暦四年（九五〇）の村上皇子憲平の立太子に関わった話が見える。憲平の母は、穏子の甥師輔の娘安子である。皇子の十一夜産養を主催した穏子は「男皇子平安に誕育の由、悦(えつ)予(よ)尤も切にして感歎に堪えず」（閏五月五日条）とずっと心待ちにしていた男皇子の誕生を大喜びしているる様を伝えている。後に怨霊になることで有名な藤原南家元方の娘が第一皇子を数カ月前に産んでいるため、安子が皇子を生めば直ちに皇太子とすることは穏子・村上・師輔の共通認識だったと思われる。師輔との間で七月立太子という話が出ると、村上はすぐに「抑(そもそ)も中宮に進み向い将に此の由を語り聞こゆべし」とまず穏子に申し上げるよう仰せているのもそのためであろう。さらに天皇は直接、穏子に文

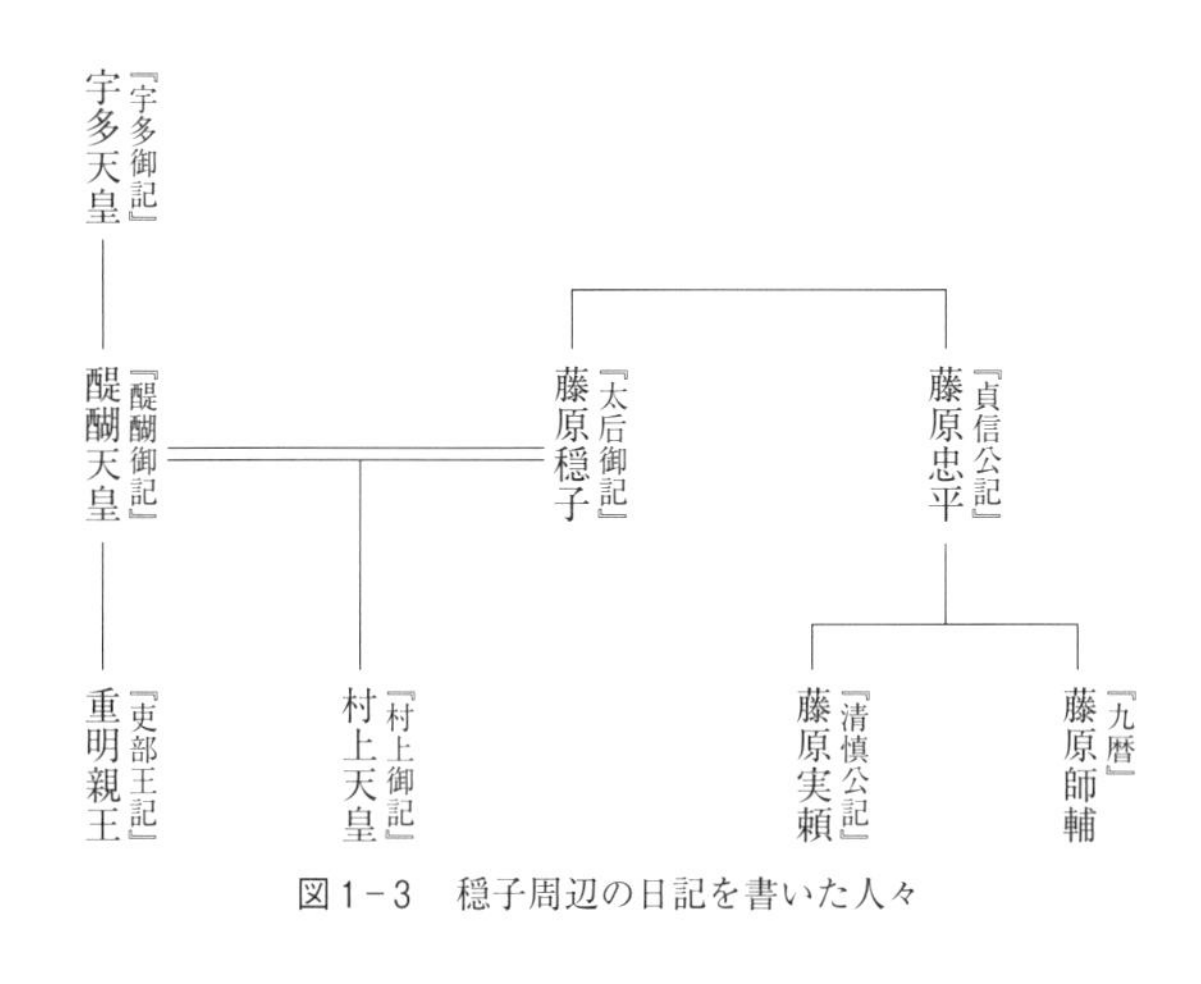

図1－3　穏子周辺の日記を書いた人々

も出している。穏子は御在所朱雀院に参上した師輔に「若しくは早く行わるべし者れば、其の旨を以て上皇に聞こえらるべき者也。事已に成就の後、御消息有らば、若しくは思ぼしめす所有る歟」と、立太子を早く進める共に、朱雀上皇に早く伝えるよう言い、自らの血を皇統に残せなかった上皇を気遣い、兄弟仲に気を配っているのであった。

以上のような穏子の内裏在住や同輿や儀礼、后妃決定や皇位継承者決定など皇統への関与はこの後の母后に受け継がれていく。穏子が活躍した十世紀前半、すでに十一世紀の摂関最盛期へ向かう後宮における要素の多くは生まれており、その意味でも大后穏子は摂関政治を語る上で欠かせないのである。

『太后御記』逸文

最後に穏子についてもう一つ触れたい。その日記についてである。

九世紀末から十一世紀にかけて多くの天皇が自身で日記を書き記している。これまで何度も取り上げてきた『宇多御記』『醍醐御記』『村上御記』といういわゆる三代御記以外にも、一条天皇や後朱雀天皇の日記の存在が知られている。当時は故実や作法が整備されていく儀礼儀式の画期であり、天皇自身が熱心に取り組んでいた証拠でもある。そして実は穏子もまた夫や息子同様に日記を記していた。后妃が書いた平安時代唯一の日記『太后御記（たいこうぎょき）』である。

鎌倉時代後半に編纂された『本朝書籍目録』仮名部に「太后御記一巻」とあるが、現在は残念ながらほぼすべて散逸している。室町時代初期に成立した『源氏物語』の注釈書『河海抄』（四辻善成著）にごく短い逸文が六例残るのみである。それらは延長六年（九二八）から承平四年（九三五）のものであるから、承平四年の土佐守任官以降のことを記した紀貫之の『土佐日記』より古い、現存最古の仮名日記である。[14] ここに時代順に挙げておく。[15] なお、それぞれの文末に『河海抄』があげる源氏物語の巻名を〈　〉で記し、読点は適宜加えている。

①大宮日記云、延長六年、亭子院よりたかうな（＝筍）たてまつれ給へり、御使よしふ（＝小野好古ヵ）、かいねりの大うちき給、〈14横笛〉

②太后御記云、延長七年正月十四日、おとこたうか（＝男踏歌）ありて、わたかつけ（＝綿被（かづ）け）の蔵人四人、大うへ（＝内裏）わたりおはします云々、〈10初音〉

③延長七年三月廿八日太后御記云、おとと（＝大臣忠平）の御賀を実頼の中将つかうまつれり、四

尺の御屏風二よろひ、御てをうへにかかせたてまつらせ給、〈13若菜上〉

④太后御記云、承平三年八月廿七日、女宮（＝康子内親王）御も（＝裳）たてまつる、いぬ二にて、御ものこし（＝裳腰）、おととゆひたてまつり給ひぬ、〈13若菜上〉

⑤太后御記云、承平四年十二月九日、御賀、みこたち、かんたちめには女のよそひ（＝装束）、宰相にはさくら色のほそなか云々、〈13若菜上〉

⑥太后御記、承平四年十二月九日、御賀、おとととくまかて給ひぬ、又をくり物、沈のはこ一よろひいれたり、せむたい（＝先代醍醐）の御てのまんようしう、今一には本五まき、やまとこと（＝和琴）一云々、〈13若菜上〉

以上、ごく一部の抜粋しか残らないが、①筍の献上、②男踏歌、③忠平五十賀、④康子内親王着裳、⑤⑥穏子五十賀、と穏子や身近の人々に関する儀礼記事が並ぶ。②は『醍醐御記』と『吏部王記』に、④は『吏部王記』にも記事が残る儀礼である。もちろんこれらは四辻善成が『源氏物語』解釈のため恣意的に抜粋した箇所であるから、それ以上の意味を持たせてはいけないが、儀礼の記述が他にも多くあったことが想像できそうではないか。被物や贈物の記述は細やかで、『小右記』などの漢文日記同様、後の時代に参照されることを意識して書かれていたことも想像できる。その意味では、『太后御記』はこの後盛んになる女流日記の嚆矢と言われるが、『紫式部日記』や『枕草子』の記録的部分につながるものの、『かげろう日記』のような女流私日記とは一線を画した存在と評価できそうである。

『太后御記』の継受

さて、逸文は以上であるが、他にも『太后御記』の記事があったことが約百年後の『小右記』から確認できる。上述の傾向がさらに確かめられるので挙げておく。

⑦相府（＝左大臣道長）云く「来月十七日、東宮御対面、母后（＝彰子）に覲すべき哉、未だ其例を尋ね得ず」者り。若しくは天暦母后御記に見ゆる歟。退帰の後、右衛門権佐頼任の許に示し遣わし了んぬ。件の御記、先年相府に召し取らる。〔長和三年十月二十一日条〕

⑧資平云く「昨日左府に参る。頼任云く『相府命せて云く、「御対面の事、彼の御記に見ゆ。然に侍けり、此の由を報ずべし」』者り」と。〔同年十月二十二日条〕

⑨（資平）晩頭来たりて云く「御対面の天暦大后御日記の事を示さる」と。〔同年十一月十五日条〕

⑩母后に覲するの例は殊に所見無し。延長七年例は分明ならず。但し寛平御記（＝『宇多御記』）、記有りて所見有り。祖母に覲せらるの例有り。何を況んや母后を覲せざる哉。又、彼の御禄は綾大掛・綾蒲萄染。仍て彼の例を追って蒲萄褂有り。但し今般は織物也。左府談ずる所なり。〔同年十一月十七日条〕

⑪前太府（＝道長）云く「承平二年太后御記云く『殿上人に禄を給う』」者り。余、今、此の御記に就きて之を案ずるに、童帝初拝観なり。仍りて禄事有る歟。去年御元服日に拝覲有り。更に初覲を申すべからざる歟。前太府、甘心す。〔寛仁三年正月三日条〕

⑦〜⑩は一連のもので、三条朝長和三年（一〇一四）十一月十七日、六歳の皇太子敦成初朝覲の日に母后彰子にも拝覲するかどうかの先例として『太后御記』が参照されている。このとき内裏は枇杷殿で、敦成は母后と同じ土御門殿に住んでいたが、還啓後、母后に拝覲を行った。結局、朝覲後に皇太子が母后に拝覲したという明らかな例は見いだせなかったが、『宇多御記』に敦仁皇太子（のちの醍醐）が内裏居住の祖母后班子女王に拝覲した記事があったため援用したという。前掲『醍醐御記』延喜十二年に皇太子保明が正月朝覲後に母女御穏子に拝礼した例がまったく参照されていないのは、后でないからなのか、初朝覲でないからなのか、それとも『醍醐御記』そのものが参照できるところになかったなどの理由があるのか、不明である。

⑩に見える、天皇御対面時に母后拝覲をしたか不分明な延長七年例は『太后御記』の記述であろう。実資がさまざまな日記や故実書を集めていたことは有名だが、⑦にあるように、『太后御記』も所蔵していたこと、長和三年以前に道長に召し取られてしまったことがわかる。入内する娘がいない実資と比べて、複数の娘が后になる道長の方が『太后御記』の持ち主にふさわしいとも言えるが気の毒なことである。逆に言えば、道長にとって二代の母后穏子の日記には大いに利用価値があったのである。また先例として百年後の参照されるほど記述の正確性が認識されていたということでもある。

なお、敦仁が皇太子位にあったのは寛平五年四月から同九年七月までの四年間だが、現存する『宇多御記』の中に該当箇所はない。ただ前掲『醍醐御記』延喜九年二月二十一日条の皇太子保明初朝覲記事の中に引かれている「寛平」がここでいう『宇多御記』の記事と同じものと考えられる。これを先例として参照した道長にとって、宇多が禄の内容を記していたことは、有益なことであった。『河海抄』所引『太后御記』が禄を詳しく記述していることも、先例として参照されることを想定していると考えることができよう。

最後の⑪は寛仁三年（一〇一九）正月三日、後一条天皇による母后彰子拝覲時に天皇へ贈物をするか、扈従の殿上人らに賜禄をするか、という二点の先例としてである。この前段があり、まず頭弁からの問い合わせで、贈物・賜禄があった『清涼記』（村上朝の儀式書）の拝覲例が挙がる。しかし実資は、当時、母后穏子が朱雀院または二条院などの別宮に住み村上は内裏から行幸しているためであると推測し、母后彰子が内裏に住んでいる今回の先例とはならないとした。次に道長と頼通から直接問合せをされると、実資はこの間に調べたのか、『邑上（むらかみ）天暦七年御記』でも『清涼記』でも、母后が内裏に住んでいる時は贈物も賜禄も無いことを答えた、というものであった[16]。そこで道長は所有する『太后御記』承平二年条に殿上人に給禄した記事があることを告げる。これに対して実資は承平二年は母后は内裏居住ではあるが、朱雀が元服時に初朝覲した時の特別な記事であり、すでに昨年元服時初朝覲をしている以上、今回の先例にはならないと答え、やはり今回は贈物・賜禄ともに無しで行われたのである。

実資は「道長が感心した」と書いているが、実際はどうだろうか。頭弁からの問合せを却下した実資に対して、道長は自ら調べて理論武装をして再び質問をしている。孫天皇が娘母后に拝覲するという晴れがましい正月儀礼を、道長は給禄や贈物でさらに華やかに演出したかったのではないだろうか。このやり取りは当日のことであるから、あるいはすでに禄や贈物の用意をしていたかもしれない。実資はそれを知ってか知らずか、こちらもしっかり調べ、以前取り上げられ参照できない『太后御記』の例にも動じずやり返したのであれば、「前太府甘心す」の後ろには、思い通りにいかなかった道長の落胆と、先例を駆使して儀礼の正しい遂行を果たした実資自らへの満足が透けて見えそうな気もするのである。

話がややそれたが、このように百年後の貴族たちが公事における故実を比較検討するにあたって、天皇御記や儀式書と並んで提出されるほど、仮名で書かれた女性の日記が利用されたという事実は興味深い。実資所有のままであったら、もっと『小右記』に登場したのではないかとやや残念な気がする。一方で『河海抄』を記した四辻善成は関白二条良基の猶子である。良基は道長から十二世の子孫であるから、『太后御記』が常に娘を母后にすることを模索していたであろう摂関家に連綿と受け継がれたことが想定される。さらに善成が『源氏物語』本文解釈にあたって『太后御記』を参照したように、紫式部が『源氏物語』を執筆する時に本当に『太后御記』を参照した可能性はあるのだろうか、というやや夢想じみた思いにもかられる。引用の多くは「若菜」に集中し、他も「初音」「横笛」と、式部が出仕後に執筆したとも言われる巻である。万一、そうであれば、それは実資から取り上げた『太后御記』を道長が彰子の宮に持参していたことになる。紫式部はともかく、彰子が穏子の仮名日記を読んだ可能性は十分あるのではないか、と百年を隔てた二人の二代の母后を繋ぐ糸をつい探してしまうのである。

第二節　藤原詮子と摂関全盛期のはじまり

藤原詮子と父兼家

本節では、藤原穏子の次に天皇母后となった一条天皇生母藤原詮子を中心に見ていきたい。その間の天皇生母について触れておくと、『九暦』の記主藤原師輔娘で村上妻后の安子は二人の皇子が冷泉・円融両天皇となったものの即位前に亡くなり、花山天皇の生母である冷泉女御、摂政伊尹娘懐子も同様で、即位時に生存していた母后はいなかった。

詮子は穏子の同母兄忠平の孫にあたる兼家の二女で、同母姉に冷泉女御で三条天皇の生母超子、同母兄に道隆・道兼、同母弟に道長がいる。一条朝以降の摂関は九条流の兼家子孫に限られるのは、兼家の娘たち、とりわけ詮子が皇子を生んだからに他ならない。そこで兼家の後宮政策を見てみよう。

一条朝以前の兼家は、父師輔の後宮政策成功のおかげで冷泉・円融両天皇の外叔父という恵まれた立場にあったが、決して順風満帆ではなかった。原因は二人の同母兄にある。長兄伊尹と次兄兼通は一歳違いで互いにライバル心が強かったのか、例の冷泉朝「外戚不善の輩」の第一であり、円融朝の摂政であった伊尹は五歳下の末弟兼家ばかりに目をかけた。兼家は官職・位階共に特別に引き上げられたため、兼通が参議の時には中納言、兼通が従三位権中納言の時には正三位権大納言となり、次兄と官位が逆転する。後宮政策においても、兼家は冷泉天皇に長女超子を入内させることができた。冷泉後宮は、皇太子時代からの嫡妻である昌子内親王は別格として、女御となったのは、伊尹の同母妹、娘、それに超子の三名だけであるから厚遇のほどがわかる。[17] 兼通にも冷泉より三歳上の娘媓子がいたが入内できず、媓子は後に十二歳年下の円融に入内することになる。伊尹にしてみれば、摂政になった時に息子たちはまだ十代であったから、過渡期を埋めるためにも兼家を重用したのかもしれない。その結果、先を越された兼通と兼家の仲が悪化することは免れられなかった。果たして伊尹が亡くなる時、二人は後任の関白を争い、天皇御前で罵り合ったという。円融母后安子の「前宮遺命[18]」が効力を発したこともあり、内覧、ついで関白に任じられたのは兼通であった。兼通政権下では、兼家は一切昇進できず不遇をかこつこととなる。さらに兼通はその死にあたって天皇に嘆願し、小野宮流のイトコ頼忠（実頼の子）に関白の座を譲り、兼家の右近衛大将の地位を奪うという、『大鏡』等で名高い骨肉の争いが繰り広げられた。

結局、兼家は二人の甥の摂関になれなかった。ただ、後宮政策においては幸運であった。長女の冷泉女御超子は三人の皇子を生む。さらに頼忠政権下では頼忠娘の遵子入内に引き続き、二女詮子を入内させることができた。そして、兼通娘の皇后媓子、さらに遵子も懐妊しない中で詮子が懐妊し、円融のただ一人の子、しかも皇子を出産したのである。のちに一条天皇となる懐仁である。

しかし、媓子崩御後、二人目の皇后に立てられたのは、皇子を生んだ詮子ではなく、執政頼忠の娘遵子であった。その背景には皇統の分裂を背景にした兼家と円融という叔父甥の微妙な関係があった。

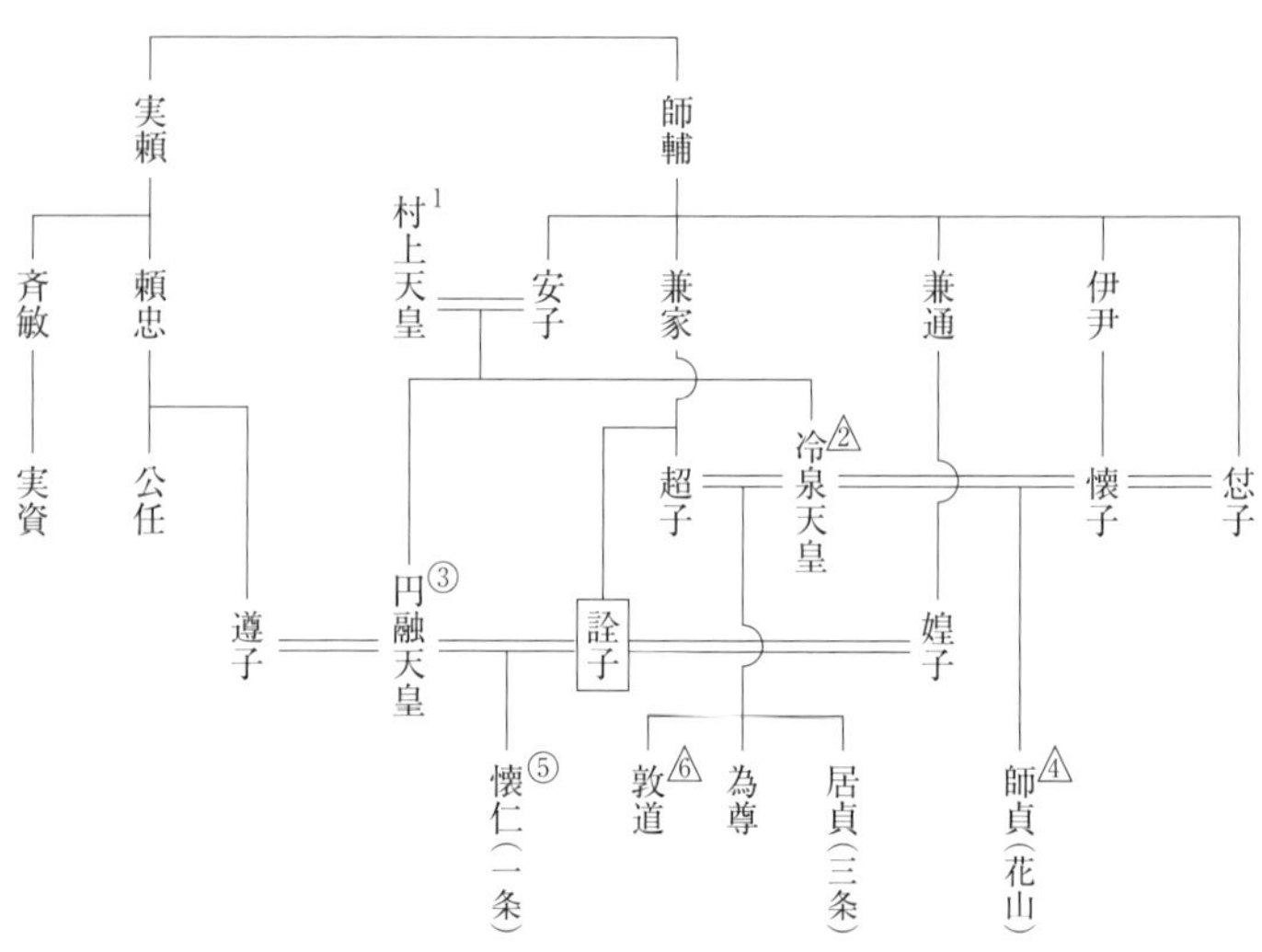

図1－4　詮子関係系図（△は冷泉皇統、○は円融皇統）

皇統分裂と円融

円融は、同母兄冷泉が精神的な問題で長く皇位にいられない人物であったため、中継ぎとして皇位についた天皇である。即位と同時に冷泉の皇子師貞（母は伊尹娘）が皇太子となったのは、冷泉皇統が嫡流で、円融は一代限りの傍流であることを表している。しかし円融が成長するにつれ、中継ぎから脱して自分の皇統を伝えることを志向するのは、ごく自然の流れであった[19]。前述したように、円融は兼通の後、その遺志があったとはいえ、生存する唯一の外戚である兼家を差し置いて、その段階では婚戚ですらない頼忠を関白とした。その理由を後宮事情から考えてみると、この前年に、兼家女超子が冷泉の皇子を生んでいることが関係しているのではないか。円融皇統を存続させようとするならば、冷泉皇統の外孫を擁する兼家を関白とすることに不安を覚えるのは当然であろう。

円融は頼忠を関白とし、その娘遵子を女御とすることで、婚姻のみからなるミウチ関係による権力中枢を選択したのである。一方で、円融は外戚兼家を不遇のままにはできず、頼忠、左大臣源雅信（道長妻倫子の父）に次ぐ廟堂第三位の右大臣につけ、詮子を女御とした。子供がいない円融にとって有力な皇子を得ることが一番の急務であるから、遵子一人だけに賭けるわけにはいかない。果たして、円融待望の皇子を生んだのは詮子であった。兼家は冷泉・円融両皇統に外孫皇子を持つことになったため、冷泉皇統確立のみに走る危険性は下がった。ただ、超子には懐仁誕生前に二人、一年後に一人、皇子が生まれているから、冷泉皇統が途絶えることは考えにくい。つまり兼家が政権を取れば、両統迭立継続の可能性が高くなったのである。

皇后位争い

天元五年（九八二）三月十一日、藤原遵子が皇后に立つ。『栄花物語』（巻二）の中の円融は、懐仁即位と詮子立皇太后を前提とした上での遵子立后であるかのように語っている。そのためか、これ以降、皇后位は母后になれない執政の娘を優遇する地位とされ、皇后位と皇位継承の乖離が始まると解説されることがある。[20]果たしてそうなのであろうか。

皇后（妻后）の変遷をみると、平安初期の妻后（橘嘉智子・正子内親王）、そして中期に復活した妻后（藤原穏子・藤原安子）は皇位継承者となる皇子を生んだ後に皇后に立てられている。前節で見た通り穏子の立后事情はやや複雑ではあるが、皇后位と皇位継承者は連動していた。冷泉朝になると、即位と同時に昌子内親王が皇后に立てられた。初めて、皇子を生んでいないキサキが立后されたのである。これは、昌子内親王が朱雀天皇の一人娘であるため、朱雀と村上に分裂した皇統を回収し一本化する意味があったのだろう。村上天皇の、そして本来的には朱雀と村上の母である穏子の意向だったと考えられるが[21]、二人の間に子供は生まれず、朱雀流は皇統から脱落した。

確かに昌子内親王以降、皇位継承者の母になるか未知数の結婚直後、あるいは即位直後に立后される例がほとんどとなる[22]。ただしこれらの場合も事後的ではあるが、后に皇子が生まれた場合は皇位継承者となることが前提であったはずである。一条皇子敦康は后所生の第一皇子が天皇になれなかった稀有の例だが、それは政権交代と政変（長徳の変）が起きたからであって、定子立后時点では皇子が生まれれば天皇となることは既定路線であった。后所生の第一皇子が最有力の皇位継承候補という前提があるからこそ、三条即位時も、後一条即位時も、後ろ楯が無くとも敦康の名が常に出てきたのである。その意味では、皇后位と皇位継承は決して乖離したわけではない。

つまり、円融妻后遵子が皇位継承者の母となれなかったのは結果論に過ぎず、皇位継承者の母となることをあきらめた後の立后であったとは考えにくいのである。遵子立后の天元五年は、円融二十四歳、遵子二十六歳、詮子二十一歳、懐仁三歳で、譲位までまだ二年半を残している。満二十四、五歳の遵子が懐妊する可能性はじゅうぶんあり、期待したからこそ、遵子を、皇位継承において女御より圧倒的に有利な皇后にする必要があったのではないか。

遵子立后前後の事情は『小右記』に詳しい。実資は関白太政大臣頼忠にとって有能な甥であり、蔵人として円融天皇の信頼も篤かったため、両者の仲介役であった。正式に立后宣旨が表明される三月五日の直前まで「私蔵すべし」「暫く秘匿すべし」「若し事の儲け有らば必ず庶人の聴くに及ぶ歟」と円融も頼忠も実資も非常に慎重である。二日前の三月三日になっても、円融は頼忠に準備を促すと同時に「暫く披露すべからず」と念押ししている。決して兼家側に事前に漏れるわけにはいかなかったのであろう。

遵子立后の約一ヶ月半前の一月二十八日夜、女御詮子は内裏を退出した。同母姉の冷泉女御超子が突然死したためである。兼家も哀しみに暮れていたことであろう。このタイミングを円融が逃すまいと思ったかはわからないが、超子四十九日までの間に、立后の話が日記に初出し、立后儀までも遂行されたのである。もちろん女御所生第一皇子懐仁の立太子は次善の策として確保した上で、皇后となった遵子が皇子を生めば継承順位は懐仁より上になり、花山朝の皇太子とすることが可能になる。そうすれば、冷泉皇統とつながりのない頼忠（二女諟子の花山入内は花山朝になってから）の政権が続き、兼家外孫である冷泉皇子の皇位継承機会を失わせ円融皇統に一本化できる可能性が高くなると考えたのではないか。つまり遵子立后は兼家側にとって単に面目がつぶされたというレベルではなく、懐仁の、さらには超子所生の居貞の皇位継承をも揺るがしかねない重大な敵対行為であった。だからこそ円融と頼忠は慎重を期したし、兼家と詮子は遵子立后後、出仕を拒否するほど怒りを覚えたのであろう。

結局、皇后腹皇子の誕生は無いまま、円融は永観二年（九八四）、十七歳の花山に譲位した。遵子懐妊の可能性は薄れつつあり、一方で花山に皇子が生まれる可能性は上がってくる。ここは花山朝の皇太子位を確保して懐仁をつけ、円融皇統を次代につなげることが得策だったのである。その後、皇太子祖父兼家は二年弱で花山を強引に退位させ（寛和の変）、懐仁が即位する。次の皇太子には冷泉皇統の兼家外孫居貞がついた。円融皇統は一代限りとはならなかったが、この時点では傍流を抜け出すことはできず、冷泉皇統と円融皇統の並立状態が続くことになったのである。

一条朝になると兼家と詮子は外祖父摂政・生母皇太后として権力中枢を構成することになるが、この当時の苦い思いを忘れなかったのか、遵子らに終始、好意的ではなかったようである。

殿下（＝頼忠）命せて云く「家主、前例はすでに慶賀有り。而るに其の由を奏せしむも定めて応じること無き歟。之を為すに如何」者り。余、申して云く、更に奏せらるべからず。応じざるにおいては宮（＝遵子）の為、身（＝実資）の為、共に無益に侍るべきの由、即ち執り申せしめ畢んぬ。

〔『小右記』永延元年（九八七）二月六日条〕

皇后遵子が実資の二条第から本宮四条宮に遷御する時のことである。普通、后などの遷御の際には邸宅を提供していた家主に叙位があるものだが、実資の家主賞は無視された。実資は遵子のためにも自分のためにもならないから申請はやめておきましょうと言い、頼忠共々あきらめの境地であった。

さらに翌日の行啓当日、遵子が乗る御車を太皇太后昌子内親王に借りていたところ、突然、公卿定で御輿が適当であると決まったからと主殿寮が御輿を出してきた。仕方なく御車を太皇太后宮に返却し、御輿ならば本来は必要な騎馬の女蔵人も無いまま遷御するしかなかった。出発直前になっての急展開に実資は「はなはだ奇しむ所也」と記している。後に道長が皇位継承で敵対する一条妻后定子や三条妻后娍子の行啓や儀礼を妨害するのに似てはいるが[23]、皇子を持たない頼忠・遵子はすでに挽回の余地はなく、単なる嫌がらせでしかない。それでも行ってしまうほど遵子立后は兼家・詮子にダメージを与えていたということなのかもしれない。また、この一条朝初期、頼忠はいまだ現職の太政大臣でありながら、先例のある家主賞の申請すらできない。官位よりも現天皇との血縁の濃さ、ミウチ度こそ優先されるのであり、まさに「力」そのものであったことが実感されるのである。

皇太后立后

寛和二年（九八六）六月二十三日、七歳の一条が践祚し、七月五日、先々帝女御の詮子はついに后位に上った。円融妻后遵子は皇后のまま、詮子は母后として皇太后となったのである。そしてその四日後には内裏に入った。先例では、母女御は即位式でまず皇太夫人となり、数年後に皇太后になるものであった。また立后儀の数週間から数ヵ月の後に内裏に入るものであった。しかし詮子は践祚からわずか半月で皇太后となり、すぐに幼帝との同居を開始した。急ぐ背景には七月二十二日に行われた一条即位式があった。

即位式における詮子の行動は史料には残っていないが、朱雀母后穏子のように、天皇と同輿で八省院に行幸し大極殿に伺候したものと思われる。第一節でも触れたように、即位式で天皇が天皇位の象徴である高御座に上る時、後方北廂の東幔には摂関が作法を輔導するための座が、西幔には母后が見守る座があった。後一条朝になると母后は西幔から出て天皇と共に高御座に上っている[24]。その変化が起こったのが一条朝なのか後一条朝なのかは不明だが、いずれにしても天皇の隣もしくは後方で擁護・後見する役目は女御はもちろん、皇太夫人でも不可能であり、同輿もまた后でなければ行えない。どちらも母后独自の権能である後見を可視化する重要な行為であるから、これに間に合わせるためもあり異例の早さで立后及び内裏居住を開始したものと考えられる。同じように摂政兼家も即位式の二日前に右大臣を辞任し、摂関位を太政官から離脱した別格の地位に引き上げて、即位式に参加した。一条朝の始まりを告げる即位式において、母后詮子、外祖父摂政兼家が万全の後見を行う安定的な新体制が確立したことを宣言することに意味があったのである。

詮子は同年秋の大嘗祭関連でも御禊行幸や八省院行幸に同輿し、翌年の石清水八幡宮や賀茂社などの神社行幸、二年後の春日行幸にも同輿していることが『小右記』や『紀略』で確認できる。また、朝覲行幸において、一条は母詮子と同輿して父円融の居所を訪れており、父と母の権能の違いが象徴的に表れているのである。

詮子と円融上皇

詮子は遵子立后以降の円融朝において、懐仁着袴の数日間を除き、内裏に入ることを拒んだと『栄花物語』は伝える。円融は堀河院内裏で花山に譲位した後、翌年九月、病気のために出家し円融寺に遷るまで、同院を上皇御所とした。その一年余は嫡妻である皇后遵子が引き続き同居し、詮子は父の東三条殿南院に居住している。『小右記』によれば円融はこの間に二度、詮子を日帰りで訪れているから（寛和元年二月二十日条・六月五日条）二人の間柄が途絶えたわけではないが、親密であったとも言いにくい。出家後の円融は遵子との同居も解消し、女性を絶って仏道修行に励んだようである。また、一条朝の詮子は円融が入れない内裏に居住した。先に触れたように詮子は一条に同輿して円融の許を訪れてはいるが、当然、天皇と共にすぐ還御している。詮子と円融は、遵子立后によって壊れた間柄を修復することは難しかったものと思われる。

ただ、現代でも離婚した夫婦が子のために協力することがあるように、円融と詮子も一条の父母としては接近している。『小右記』には円融が体の弱い一条のために度々祈祷を命じている記事が目に付くが、そこに詮子も関わるようになるのだ。例えば、永祚元年（九八九）春は特に一条が慎むべきであるという夢想があったため、円融は正月二十一日、密かに石清水御幸を行う。その計画を円融は摂政兼家より先に詮子に告げると共に、詮子も一尺鏡三面を奉納するようにと伝えている。また、五月二十七日に、今後は四季に石清水社と賀茂社に参詣するよう実資に命じるが、これも「其の由、皇后（太脱ヵ）に啓せしむべし」と詮子に伝えさせている。さらに十月十三日に秋季御幣として実資が円融の使いで石清水社に参詣する記事には「皇太后宮、又、錦の御幣を付せしめ給う。是、皆、主上の御祈也」とあり、十二月八日にも実資は天皇のための院の御幣と皇太后の御幣を石清水に奉納している。我が子の健康と治世の長きを願う気持ちは二人とも同じであった。さらに子の無い一条に何かあれば円融皇統の断絶を意味する。それを考えれば、詮子にとっても、皇太子居貞という手駒を持ち冷泉皇統と両睨みしている父兼家よりも、円融による一条への祈りを信じることができたのではないか。詮子と円融の夫婦生活は幸福であったとは言えないかもしれないが、父母として心を一つに祈っているさまが窺える。

一条朝初期の権力中枢

さて、一条朝の兼家は、良房以来となる史上二人目の天皇外祖父摂政であった。しかも皇太子は居貞であるから、天皇・皇太子共に外孫という後宮政策において未曽有の成功をおさめていた。ただし実際の政権構造においては、必ずしも兼家独裁だったわけではない。円融上皇という天皇家の家長が存命だったからである。一条朝の政務実態については第二章に詳しいが、この時期の権力中枢は、幼帝一条、父院円融、外祖父摂政兼家、そして母后詮子であった。それがよく現れているのが次の記事である。円融の異母弟永平親王が亡くなり薨奏日を決定するにあたり「来たる二十三日は、御衰日・御本命日・院御衰日・太后御衰日・摂政衰日に当たらず。仍て彼の二十三日に薨奏有るべきの由」（『小右記』永延二年十一月十九日条）と二十三日になったのである。天皇の衰日と本命日、円融上皇・皇太后詮子・摂政兼家の衰日と、四人もの陰陽道の忌日を考慮して行事日を決めなくてはならないのは大変そうだが、この四人がまさに権力中枢だったゆえである。

天皇家では円融上皇が、藤原氏では父兼家がいるこの時期の詮子の権力について過大視することはできないが、天皇後見を担い、上述のように権力中枢にいたことは間違いない。永祚元年十二月二十日、「母后命」によって摂政兼家に任太政大臣が宣下された[25]。これは翌年正月の一条元服のためで、先例により加冠役は太政大臣が務めるためである。本来ならば任官は天皇大権を代行する摂政の兼家が行うが、自分自身を任命することになるため、また円融は元天皇だからこそ時の天皇大権を侵すことが憚られ、「母后命」に依ったものと考えられる。天皇に父権を及ぼすことができる円融の人事や政治への影響力は当然のこととして、母后詮子も円融とは異なる関わり方をしているのである。

ところで、母后が天皇婚姻決定権を持っているとはよく言われることであるが、[26]一条の最初のキサキは内大臣道隆の女定子であった。正暦元年（九九〇）正月の元服儀直後に入内し、翌月女御となる。一条十一歳、定子十五歳であった。詮子の姪、兼家の孫で次の関白の子であるから、権力中枢すべての総意であろう。前年秋に入内を睨んで行われた定子の着裳式では、祖父兼家が裳を結んだのは当然ながら、主催者道隆の邸ではなく、母后の里第でもある摂政兼家の東三条殿南院寝殿が会場となっている。二大納言以下、数名を除きほとんどの公卿が列席し、彼らには道隆からの引出物とは別に、東対の摂政のもとで被物が下された（『小右記』永祚元年十月二十六日条）。摂政の孫であることを前面に押し出し、妙齢の娘がいる他の公卿らを牽制する意図もあったのであろう。一条のもとに二人目のキサキが入内するのは、兼家・道隆の死後のことになる。

ところで、定子入内よりひと月前の永祚元年末、別のキサキが入内した。兼家の妾腹の娘綏子が皇太子居貞のキサキとなったのである。居貞は寛和二年七月十六日、立太子の日に十一歳で元服している。入内時、綏子は十六歳まもなく十七歳、居貞はまもなく十五歳となる。もちろん結婚年齢として遅いわけではまったくないが、後一条朝の皇太子敦良には元服から一年半後、十三歳になってすぐに十五歳の

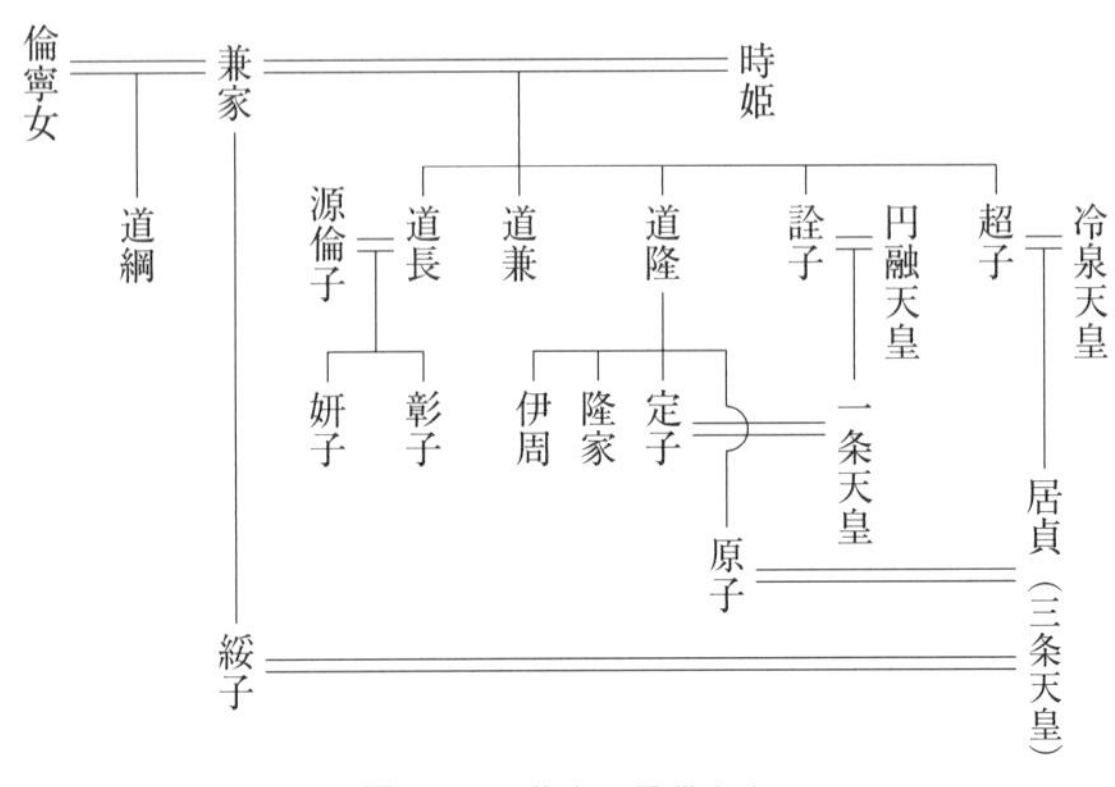

図1－5　兼家の子供たち

キサキが入内している。また、綏子が永延元年九月に尚侍という女官最高位に任じられたのも入内準備と考えるのが自然である。しかし元服から三年半、任尚侍から二年以上、入内が行われなかったのはやや遅くはないだろうか。兼家は入内の半年後に六十二歳で病没することを考えると早く次代への方策を立てておきたいはずで、愛孫と娘の結婚を躊躇する理由は見当たらない。となると、原因は定子のケースとは異なり、権力中枢の合意が得られなかったことにあるのではないか。冷泉皇統の皇太子が有力なキサキを持つこと、さらにその間に子を成す可能性に対して、円融と詮子には警戒感があったに違いない。詮子は居貞の母ではないが、天皇母后として、皇太子と皇太子キサキが住む内裏後宮をある意味支配しているわけであるから、兼家といえども反対を押し切るのは容易では無かったと考えられる。

居貞の婚姻が四歳年下の一条天皇の結婚一ヶ月前まで行われなかったことは当時の人にも不思議だったのか、『栄花物語』『大鏡』共に居貞元服の夜に綏子が添伏として入内したと伝えている。もちろん、『小右記』が「今夜尚侍、青宮（＝皇太子居貞）に参る。（中略）神今食以前は宮中潔斎す。而るに婚礼有るは如何。」と載せている以上、この永祚元年十二月九日条の記事に間違いの余地は無い。道長礼賛の両歴史物語に綏子入内を三年半早めて記す必然性は無いから、綏子入内時期は当時の人々にも不可解だったために起きた誤りではないか。そして不自然な入内時期の理由として、詮子と円融上皇の意向が推測できるのである。

ともかくも兼家は孫である天皇と皇太子に孫女と娘を配し、次代、次々代の外戚関係を睨んだ手まで打った。天皇外叔父でありながら摂関になれなかった兼家だからこそ、二重三重に血縁関係を張り巡らす必要性を十二分に感じていたのかもしれない。やがて綏子は密通が明るみに出て居貞との婚姻関係は破綻することになるが、この時点では後宮政策を万全にして、兼家は正暦元年五月、六十二歳で薨去した。さらにその半年後、翌二年二月に円融が崩御すると、詮子は円融流天皇家の長として、そして九歳年上の同母兄、関白道隆と共に兼家流の長として、その両者の繁栄のため行動していくことになる。

四后並立

正暦元年九月五日、一条女御定子が立后する。遵子立后で見たように、この時期の皇后は決して皇位継承と乖離したものではなく、むしろ皇子を生みさえすれば、天皇母となることが約束されるという、所生皇子の皇位継承をいわば「事前予約」する地位であった。そうである以上、現権力中枢にとって、他のキサキ入内を阻止し得ているうちに自流のキサキを立后させたいのは当然である。同母弟が二人い

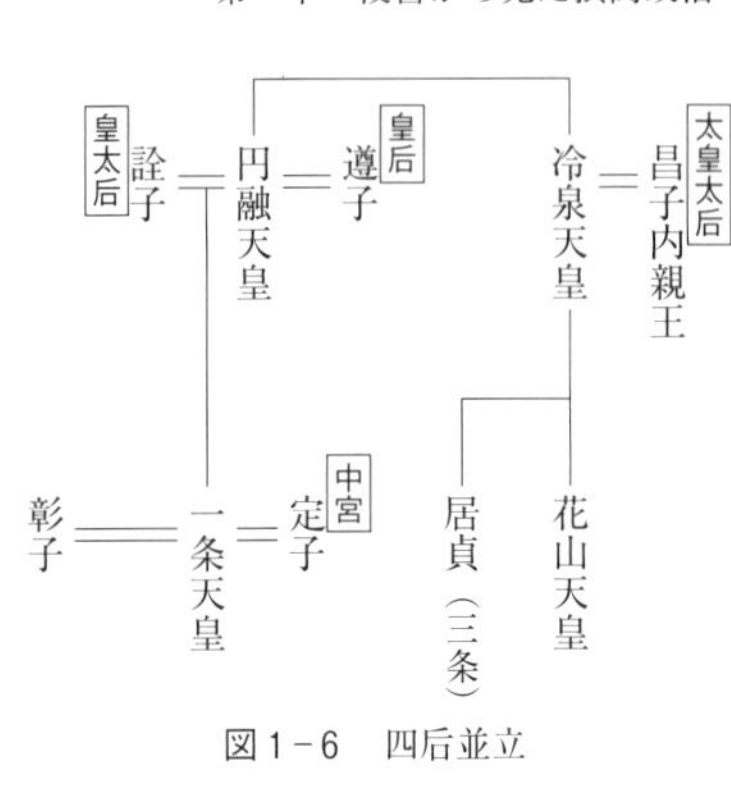

図1－6　四后並立

る道隆は、妹詮子のおかげで摂関の地位についている現状に甘んじているわけにはいかない。詮子にとっても円融皇統と兼家流から次の皇位継承者を出す近道として、定子立后は当然の策であった。

しかしこれは必ずしも貴族層の賛同を得られなかったようである。実資は定子立后を「驚き奇しむこと少なからず」（九月二十七日条）、「皇后四人例、往古聞かざる事也」（同月三十日条）と批判している。根底には九条流の皇后誕生に対する小野宮流実資の不快感があるにしても、四后並立は前代未聞なのである。後に、行成も中国の故事を引き「事の不吉」として避けるべき事態であると一条に話している（『権記』長保二年正月二十八日条）。

改めて言うまでもないが、后とは后位にある人物のことである。日本の律令における后の身位は皇后・皇太后・太皇太后という「三后」であった。よく耳にする「中宮」については、三后の家政機関を中宮職と呼ぶと定められているのみで后の地位ではなかった。しかし奈良時代に、夫人であった藤原宮子が所生子聖武の即位によって中宮職が付され、皇后となった光明子には令規定に無い皇后宮職を付された。ここから、夫治世中に皇后になれなかった夫人または女御が、天皇生母（養母）となった時の地位である皇太夫人を中宮と呼ぶようになる。変化したのは藤原穏子の時で、皇后・皇太后・太皇太后の時期を通して令制どおりに中宮職を付されたため、生涯、中宮と呼称され続けた。次の皇后安子も中宮職を付されて中宮と呼ばれたが、皇太后にならずに亡くなって以降、中宮は皇后の別称として扱われるようになる。複数の后がいた円融朝では皇后に中宮職が、皇太后に皇太后宮職が、太皇太后に太皇太后宮職が付されたのである。

話を戻すと、正暦元年の時点では太皇太后に冷泉妻后昌子内親王が、皇太后に円融女御で一条母后の詮子が、皇后＝中宮に円融妻后の遵子がいたため、「三后」の定員は埋まっていた。そのため皇后と中宮を別の位に分離させ、遵子に皇后宮職を付し、定子に中宮職を付すという策が考えられ、定子立后が強行された。律令の三后制を崩したため実資は批判していたのである。

この一年後に詮子が女院となり后位から離脱したため、四后という異例は解消された。しかし定子立后が皇后と中宮の分離という強硬策でなされたことが、この後、定子とその皇子にとって致命的な一帝二后並立につながっていくのは歴史の皮肉としか言いようがない。

女院東三条院

一条母后詮子は、正暦二年九月、病気のための出家を機に院号宣下を受けた。史上初の女院である東三条院である。過去には出家しても后位に留まった淳和妻后正子内親王の例があり、またこの六年後に出家した遵子もひき続き后位にあった。にもかかわらず女院という新例を拓いたのは、天皇後見としてより公的な政治権力となることを摂政道隆と詮子自身が企図したものと考えられる(27)。一方で、院号宣下時には后が持っていた経済特権である年官年爵権が付与されていなかったなど制度としてはまだ未発達であったことから、四后を解消するために女院を創設したものの、上皇に准じる地位として確立してはいなかったという評価もある。[28]むしろ詮子自身によって、新たな女院という地位が「おりゐのみかど（＝譲位した天皇）になぞらえ」（『栄花物語』巻四）るまでの公的な政治権力に上昇したというべきなのかもしれない。

女院となった詮子は生活の中心を内裏から里第に移した。神事の場としての内裏の性格が出家者と相容れない面もあったであろうし、あるいは一条が成人し妻后定子がいることで後見の役割を縮小できた面もあったであろう。道長の土御門殿や自身が一条の後院として造営した一条院を本院とした詮子は、たびたびの石山寺参詣をはじめ、[29]長谷寺や石清水・住吉・四天王寺への参詣、あるいは一条の石清水行幸行列を二条の桟敷で見物したりと[30]内裏居住期より自由に過ごしたようである。

ただし、出家後も詮子が内裏から排除されたわけではないことは注意しておきたい。もちろん神事期間になると出家者は内裏を退出しなくてはならないが、それ以外は折に触れ内裏に参入している。「弁命婦をして主上の御旨を申さしむ。神事已に過ぐ。入内せしめ給うべき之由也」（『権記』長保元年十二月十二日条）と、天皇が神事終了後すぐに参内を促すこともあった。内宴見物や、天皇の病気看病、孫の着袴儀などで参内している。[31]それ以外に理由の記載されない内裏参入も相当数史料に残っており、内裏の出入りはいわばフリーパスであった。

詮子の内裏でのエピソードとしてもっとも名高いのは、詮子の弟道長と兄道隆嫡男の伊周が次期摂関の地位を争った時の話であろう。『大鏡』によれば、詮子は清涼殿の上御局に上り、さらに夜御殿（天皇の寝室）にまで入って行き、道長への関白（内覧）委譲を泣く泣く天皇に迫ったという。手紙や人を介してではなく、内裏、それも成人している天皇のプライベートエリアにまで入り込んで説得するのは生母詮子のみに可能なことである。たとえ出家をしても天皇生母は内裏居住権、参入権を終生持ち続け、天皇により直接的に影響を及ぼすことができた。そして、詮子自身その力を意識的に駆使するのであった。

中関白家の没落

このエピソードでもわかるように、円融皇統と兼家流繁栄のため連携しつつ権力中枢を構成していたはずの詮子と道隆ら中関白家の間にはいつしか亀裂が入っていた。

兼家の死後も、定子の立后や詮子の院号宣下など協力体制は続いていた。正暦四年には、詮子は中宮定子と共に仁寿殿で行われる内宴を承香殿から見物し、内大臣道兼の粟田山荘へ行啓した際には摂政道隆も同行し兄妹三人が揃っている[32]。翌五年二月の道隆の積善寺供養にも詮子は御幸して栄誉を加え、同じく行啓した定子と文や贈物のやり取りがあったことが定子に仕えた清少納言による『枕草子』に記されており、表立った対立は見られない。しかしこの頃から道隆が自身の体調不良を不安に感じて自分の子への政権移譲を急ぎ始めたためか、両者は相容れなくなってしまう。その契機は正暦五年八月の除目で、権大納言伊周が右大臣道兼に次ぐ内大臣に任じられたことかもしれない。上席の大納言朝光・済時、そして道隆と詮子の同母弟である権大納言道長の三名を飛び越えて、二十歳という史上最年少での大臣就任である。弟ではなく若い伊周を後継にするという意思表示であった。

それを受けてか翌長徳元年（九九五）正月三日の朝覲行幸においては、道長も不参加である中[33]、病気で参加できない関白道隆には「頗る許さざる也」と詮子の厳しい叱責が飛んでいる（『小右記』）。また、二月に道隆が皇太子居貞に二女原子を入内させたのは、伊周が次の三条朝でも婚戚として、皇子が生まれればその外戚として摂関の地位を保持するための布石と考えられる。しかし冷泉皇統の皇太子に有力なキサキを望まない詮子の意向には反していたことであろう。三月に入るといよいよ道隆の病が重くなる。四月十一日の薨去までの間、伊周に関白を継承させるべく道隆や伊周がたびたび上奏し、伊周外戚の高階氏が策を弄し政局は混乱した。詮子の院司も務めた行成の『権記』が残っていないこともあり、この時期の詮子の動向がほとんどわからないのは残念である。それでも『小右記』四月五日条には、道隆が関白職と、通常は執政のみに賜う自らの随身を伊周に賜りたいと奏上したことに対して、一条天皇は不快な様子で関白職は許可せず、後者のみ勅許が下ったという話を行成が女院に報告したことが記されている。おそらく行成は逐一、詮子に報告をいれていたのであろう。さらに「今日内大臣、女院に参り、随身之慶を啓せしむと云々、此の事、定めて嘲弄（ちょうろう）有る歟。漸く頤（おとがい）を解く（＝顎がはずれるほど大笑いをする）に及ぶ者也」と関白に任じられず随身を給わっただけであるのにその慶賀を女院に申し上げたことをひどく辛辣に嘲笑している。実資だけの感想ではなく、啓慶先の詮子の宮の雰囲気も伝えているのかもしれない。

詮子と中関白家の亀裂について、『大鏡』の影響もあり詮子は弟道長がお気に入りだったから、あるいは一条天皇が定子を寵愛するのが面白くなかったから、と語られることがある。しかしこの段階ではあくまで道兼と伊周の争いであり、後世の『大鏡』作者とは違い道兼がすぐ死んでしまうことを詮子らはわからない以上、〝お気に入り〟道長にはまだ直接の関係は無い。また、円融皇統を続けるためには一条の皇子誕生が必須であり、兼家流の定子がただ一人のキサキである以上、その夫婦仲が良いことは望ましいことでありこそすれ、面白くなくて嫉妬するというのはあまりにも現代的な感覚であろう。

詮子が願うのは円融皇統の嫡流化と兼家流の繁栄である。まだ定子に皇子が生まれておらず、次代の外戚関係がわからない段階で、天皇と皇太子の外伯父叔父である道兼・道長を切り、外戚に位置づけられないイトコである伊周を摂関とすれば、兼家流の政権継続の不確定要素となり、一条朝の不安定化にもつながる。伊周の同母妹原子が冷泉皇統の皇太子キサキとなっていることも詮子にとっては中関白家のマイナス要素であろう。この段階での伊周の関白就任は、円融流天皇家の長であり、兼家流藤原氏の長である詮子に容認できるはずはなかった。

道隆の死後、後を継いだのは道兼であった。しかし道兼も「七日関白」で亡くなり、道長と伊周の争いとなる。一条は結局、先に見たように母院詮子の懇請を受け入れ、権力中枢を構成するパートナーとして道長を選んだ。道兼を道隆の後継にした以上、その次に同母弟道長を排除するのは道理が通りにくいこともあったろう。道長に内覧宣旨が下ったのは道兼の死の三日後で、三ヶ月後には氏長者右大臣となった。いよいよ三十年にも及ぶ道長政権の開始であった。

翌長徳二年、周知のように、伊周や弟隆家らはいわゆる長徳の変を起こす。配流宣命の罪状には花山法皇を射たこと、臣下が行ってはならない太元帥法を修したことと並んで「女院を呪詛する事」と記載された。実資が「或る人、呪詛すと云々」「人々、厭物(まじもの)を寝殿板敷下より掘り出すと云々」と伝聞ながら記しているように、詮子が体調悪く臥せっている邸の下から呪詛物が出てきたという(『小右記』三月二十八日条)。事の真偽はさておき、伊周らにとって詮子は政権をとれなかった原因として呪詛すべき対象であった、少なくとも世人にそう思われていたことになる。

それはこの後、詮子が重病に陥ると伊周が宥免されることにも表れている。長徳三年三月二十六日、東三条院病悩によりその回復を祈るために非常の大赦が発された。翌月、議論の末に配流中の伊周と隆家にも適用されることが決まり、都に召還されることとなった。さらに四年後の詮子崩御直前にも女院御悩により大赦(たいしゃ)が発され、翌日、太宰員外帥伊周を本位の内大臣に復することが決まった。中関白家の没落に詮子が主体的に関わっていたというのが当時の評価だったからこそであろう。

「母后専朝」

さて、詮子にとって道隆、道兼は同母兄であったが、道長は四歳下の弟である。政権獲得の経緯もあり道長は常に姉詮子を尊重し、二人の仲は終始円満であった。詮子の政治力がもっとも高まったのが夫も父も兄たちもいない道長政権下である。

詮子の影響力を示す有名な言葉が「母后専朝」である。

万事推量するに、賢を用いるところの世は、貴賤、研精す。而るに、近臣、頻りに国柄を執り、母后、又、朝事を専らにす（「近臣頻執二国柄一、母后又専二朝事一」）。無縁の身、処するにいかんせん乎。

〔『小右記』長徳二年七月五日条〕

この日、中納言の右大将道綱が大納言に任命された。道綱は兼家の四男で母は『かげろう日記』作者の藤原倫寧娘、つまり詮子と道長の異母兄にあたる。実資は道綱より八カ月前に中納言になっていたにもかかわらず抜かされてしまった。実資の言い分は、大将兼務の中納言が先任中納言を越えて大納言になった例は醍醐・村上の聖代に一例もなく、この除目は不当であるということであり、一条天皇にも奏上していた。しかし道長が天皇に示したように、冷泉朝康保四年に同様の例はあり（もっともこれは五月の村上崩御後であるにもかかわらず、道長は〝聖代〟村上朝の例として奏上した）、その時の政権トップは実資の敬愛する祖父（養父）関白太政大臣実頼であった。そのため今回の事例が本当に貴族社会で批判されるべき異例のものなのかは何とも言えないが、実資にとっては「賢」を用いるどころか「一、二も知らざる者」と愚鈍扱いしている道綱に抜かされたことへの憤りは大きかった。それゆえ母后が朝廷の政治をほしいままにしているという強い批判の文言につながったのであろう。

ただしこの件への詮子の関与は『小右記』のどこにも書かれていない。詮子はこの半月前には「御悩重きにより」と記されているように重病で、そのために天皇が見舞に行幸したほどであった。「近臣」道長は一条をややミスリードする先例を挙げているように、おそらく道綱昇進の首謀者であろうが、

「母后」詮子は関わっていないかもしれない。それなのにこの件に関連して後世にまで「母后専朝」という言葉を喧伝されるのは詮子が少々気の毒な気もする。とはいえ、実資が小野宮流の自身の不遇をかこち九条流の横暴を訴えたいときに、廟堂トップの権力者である内覧左大臣道長と同時に母院詮子を挙げているのは、普段からの実感があるためであろう。当時、詮子が大きな権力を持ち、実際の朝廷の政務を左右した実例が実資の頭の中にいくつも存在していたからこそ、今回も道長だけでなく詮子までが糾弾の対象となってしまったと推測できるのである。

さて、詮子の人事等への口入の例は記録に複数残っているが[34]、従来の后の範疇を超え「母后専朝」と言われるまでの権力者としての姿がうかがえる出来事に、長保元年（九九九）の詮子御願の慈徳寺供養が挙げられる。八月二十一日の供養会は准御斎会との宣旨が下り、左右大臣以下、多くの公卿らが参列し、盛大に行われた。前日の詮子行啓には「太上天皇御幸例に依りて」参議一人（公任）を遣わし、諸衛の将曹・志以下を供奉させるようにとの宣旨が下ったという記事が『御堂関白記』『権記』の十九日条に見える。行成によれば、左大臣道長が前もって勘申させた『日本三代実録』元慶三年（八七九）の清和上皇大和国御幸の例に依っているということで、六衛府の将曹・志・府生を府ごとに一人、近衛・兵衛・門部の舎人を各々十人供奉させるという規模であった。実際には同じく清和例によって府生以上に疋絹、舎人に布を給した上で返されており、儀礼的なやりとりではあった。経緯を知らない実資も「蓋し是、元慶例歟」と記しているように著名な事例のようで、女院を男院と同じ儀礼で扱うことが重要だったのであろう。

さらに特筆すべきなのが、准御斎会として公卿にさまざまな奉仕を命じている点である。『小右記』によれば、中納言実資も従兄弟の参議公任も僧の食膳や僧房の室礼、行列の出車まで義務付けられ、公任は「事、はなはだ重畳なり」と悲鳴をあげている。実資は一度、僧房奉仕を断ったところ、翌日、女院蔵人が再来し、左大臣道長ですら奉仕するのだから下位の納言は当然奉仕すべきでは、と半ば脅され「奇怪と雖も近代之事は言うに足らず」と嘆息が聞こえてきそうな言葉とともに奉仕をするしかなかったのである。

摂関全盛期へ

さて、詮子が最後に尽力したのが、道長娘彰子の入内と立后である。それは天皇のキサキ選定権を持つ生母として、さらに権力中枢の安定のためには必須のことであった。次節でも触れるが、一条朝安定のために現権力中枢である道長娘の入内は待ち望まれていたことであろう。長保元年十一月一日、彰子は十二歳という史上最低年齢のキサキとして入内した。一方でその六日後、ついに定子が皇子敦康を生むのであった。

詮子にしてみれば、一条に皇子が生まれたことは円融皇統の存続という意味で非常に喜ばしいが、中関白家の定子所生であることには複雑だったであろう。敦康の即位は、父兼家流の政権継続を危うくする可能性のある、詮子と因縁のある伊周の復権を意味するからである。詮子の本命はもちろん彰子の、道長の血を引く皇子である。となると、将来、彰子が皇子を生んだ時に敦康との皇位継承争いで後れをとらないためには彰子立后が不可欠なのである。その昔、円融天皇が、詮子の生んだ一条を次善の策として確保した上で、円融皇統にとってより好ましい遵子所生の皇子が生まれた時のために遵子立后を行ったのと同じことである。

すでに嫡妻がいる一条にもう一人嫡妻を設けるという離れ業には、道隆が定子立后時に使用した皇后と中宮の分離というテクニックと、藤原氏の后は全員出家しているため氏祭に奉仕する后が必要であるという能吏行成発案のロジックが用いられた。そして詮子・一条・道長という権力中枢を構成する三人が推し進めていく。当の一条の揺れる気持ちと共にやや二転三転するその経緯はすでに先学に詳しいが、(35)ここでは詮子の動きだけを主として『権記』からなぞっておきたい（本書第二章も参照）。

彰子入内の翌十二月七日、道長の要請で詮子が記した「院御書状」が行成によって一条天皇に届けられ、彰子立后が動き始める。先立つ十二月一日、冷泉皇統天皇家の家長である太皇太后昌子内親王の崩御によって、三后の枠が一つあいた。すでに定子立后時に四后を経験しており、次の三条朝で再び四后が実現することからすれば、彰子立后はいずれ画策されたであろうが、四后の批判を受けずに済むこのタイミングで動き出したと考えられる。天皇は行成に「然るべし」と答えて詮子に返書を出したが、確約ではなかったようで、詮子は十二月二十四日から内裏に滞在する。新年正月一日には女院拝礼のために土御門第に戻っていなくてはならない中での参内である。二十七日に「仰せて云く、（中略）后の事、許すべきの天気有り。院御出す」と詮子は一条の許可の意向を行成に伝えてすぐ、内裏を退出した。立后確定の意向を得るための参内だったということであろう。

しかし実は一条には迷いがあり、翌二年正月十日条の『御堂関白記』では、道長が一度記した立后日時勘申の記事を抹消したことがわかっている[36]。そのような中、再び詮子は正月神事が終了した十七日から内裏に滞在する。おそらく逡巡する一条の説得のためであろう。道長へ内覧宣旨を下させた時のように清涼殿の上御局に陣取り、彰子立后を迫ったのではないか。そして行成の説得もあり、詮子は再び一条の許諾を勝ち取ったのである。それでも詮子は一条が再三の翻意をしないよう、正式に立后宣旨が下されるまで内裏を動いていない。正月二十八日、ついに藤壺（一条院内裏東北対）にいる彰子と道長に立后の勅命が伝えられた。道長は直ちに殿上の間に行き天皇に慶賀を奏し拝舞すると「亦、院の上御廬に参り慶を啓す。再拝す」と上御局で女院に再拝し慶賀を申し上げた。道長は感謝の気持ちでいっぱいだったことであろう。道長はいったん立后の本宮儀を行う土御門殿で立后雑事を定めるため退出したがその日のうちに再び内裏に参上した。大恩ある詮子の内裏退出に供奉するためである。彰子立后の命令が出された日の夜、ようやく、詮子は内裏を退出したのであった。

この年末、皇后定子は産褥で崩御する。円融朝の媓子と遵子のように、妻后が崩御すれば、新しい妻后をたてられるから、実はあと一年待てば、一帝二后という強硬策を用いなくても彰子立后は可能であった。定子立后時に皇后と中宮の分離という強硬策を編み出したために、中関白家は中宮彰子誕生というしっぺ返しをくらった。さらに道長は長女彰子立后時に一帝二后という強硬策を編み出したために、三条朝で二女妍子立后後に新たな妻后を立てられるというしっぺ返しをくらうことになる。もちろんこの段階で未来がわかるわけもなく、円融皇統継続と兼家流藤原氏の繁栄、そして一条朝の安寧のためのこの時点での最良の策として、母院詮子の多大な関与のもと、一条後宮が形成されたのであった。彰子入内前年の長徳四年、道長は病気のために大臣と内覧の辞表を提出したことがある。その中に道長の心境がよく表れている文言がある。

臣、声源浅薄にして、才地荒蕪（こうぶ）なり。偏に母后の同胞たるを以て、不次に昇進す。亦、父祖の余慶に因りて、徳匪（あら）ずして登用さる。

〔『本朝文粋』巻第五・表下〕

道長自身の後宮政策はこれからという時期であったが、すでに一条朝の権力中枢に在った。もちろんこれはあくまで謙譲表現で彼自身に才覚があったのは当然であるが、その根底に良房―基経―忠平―師輔―兼家と連綿と続いてきた摂関の地位を支える後宮政策の系譜があり、何よりも一条母后詮子の同母弟であるという、自らの努力では如何ともしがたい出身があったことは間違いない。母后の尽力もあって成し遂げた彰子立后以降、道長はより大きな権力、より大きな栄華に向かって、今度は新たな後宮政策を打ち出していく。次節では道長の時代、摂関政治最盛期を見ていきたい。

第三節　道長の後宮政策

幸運児道長

摂関政治と言えば第一に挙がる人物が藤原道長であろう。実際に摂政もしくは関白であった期間は後一条朝の一年余りしかないが、一条朝・三条朝・後一条朝の三代にわたって政権トップを務め、臣下としては最大級の権力を維持した人物である。道長の一生は実に「運」に恵まれた。その出自は藤原北家九条流兼家の五男、正室の三男である。弟は出世に不利なことが多いが、道長の場合はやや違う。父兼家が摂政となった時、長兄道隆が三十四歳だったのに対して、男子の中で末子の道長はまだ二十一歳であった。遅くに摂政となった兼家は権力をつかむと子らの官位を急激に引き上げたため、道長は若いうちから順調にエリートコースを歩む。そして父の譲りを受けた長兄、次兄が摂関を務めるもそれぞれの後継者が年若のうちに次々と亡くなってしまう。政権を手にした時、道長はいまだ数えの三十歳で、ここから約三十年にもわたる長期政権が実現したのである。

さて、道長は中でも「女性」運が飛びぬけて良かった。父が摂政になったのも、それを道隆・道兼・道長の三兄弟が引き継げたのも、同母姉二人が天皇となる皇子を生んだことが最大の理由である。正妻源倫子は宇多の孫の左大臣雅信長女という血統的にも経済的にも道長の後押しをしてくれる女性であった上に、十九年間にわたって二人の息子と四人の娘を生んでくれた。その長女が二人の天皇を、四女が一人の天皇を生む。その結果、道長は良房、兼家に続く史上三人目の外祖父摂政となった上に、摂政引退後も大殿として実権を握り続けたのである。さらに道長の圧倒的な権力により、その死後も子孫は家格としての摂関家を確立し、十六世紀の豊臣秀吉・秀次を除き明治維新まで摂関の地位を独占し続けることになった。

懐妊や子の性別が運に大きく左右されることからすれば、二人の天皇の外叔父、三人の皇后の父、三人の天皇の外祖父となった道長は、後宮関係において未曾有の運の良さであったと言ってよいであろう。とは言え、道長もただ降ってくる幸運を享受していたわけでは無く、権力を使って自らの後宮政策を推し進めているのである。

道長の時代は摂関全盛期であるから、多くの后妃が権を競う豪華絢爛な後宮絵巻、「女御更衣あまたさぶらひたまひける」と紫式部が描いたような世界を想像する方も多いかもしれない。しかし、実は道長政権期において後宮にいる后妃の数は急激に減少していく。『源氏物語』の舞台が紫式部執筆当時の一条朝ではなく、一条の祖父・曾祖父の治世である醍醐・村上朝をモデルにしているのは、式部の時代にはすでに後宮は「あまた」の后妃が権を競う場ではなくなりつつあったことも関係しているかもしれない。桐壺更衣のように既に父を亡くし後ろ盾のない大納言の娘が天皇に入内することはまず不可能であったし、后妃の数の減少から更衣という地位自体も存在しなくなっていた。結論から言うと、そのような縮小された後宮こそが道長の目指していたものではないか。つまり、自分の娘や孫しか入内できない、言い換えれば自分の血を引かない皇子が生まれる可能性を最初から排除した、極端に排他的で縮小された後宮である。単純ながら背景に強大な権力を必要とするこの後宮政策は、道長の長期政権を通して徐々に実現されていく。本節では、摂関最盛期の后妃たちと道長の後宮政策を取り上げることで、新たな後宮が形成されていく過程を見ていきたい。

皇后藤原定子

前節で見たように、道長が政権を握った時の天皇一条の生母は道長同母姉詮子である。一条にとって道長は治世開始時の外祖父兼家、外伯父道隆・道兼に続き、四人目となる権力中枢の構成パートナーであった。

改めて一条後宮の后妃たちを見てみよう。

最初の、そして当初は唯一のキサキとして一条後宮を独占したのは、摂政道隆の長女定子である。正暦元年（九九〇）に入内し、その半年後に中宮に立てられた。しかし長徳元年（九九五）に父が亡くなり、翌二年に長徳の変が起きる。道長を中心に再編成された貴族社会において、後ろ楯が無くなった定子は皇位継承者を生まれては困る、排除すべき后となってしまった。そのため、中宮大夫を空席にする、公卿や武官が障りを申して遷御に供奉しない、経済的特権を滞らせるといったことも起きている。最も重要なのは、定子を一条後宮から締め出して懐妊する可能性を奪うことであろう。

長徳の変の契機となった同二年正月の兄伊周・隆家による花山法皇奉射事件の後、定子は内裏外にある職御曹司へ遷り、さらに三月には里第に退出した。配流が決まった伊周が逃げ隠れた定子御在所に検非違使が押し入り伊周を捕縛したのが五月で、この時、定子は髪を下ろしてしまう。その年の十二月に一条の第一子となる皇女脩子を出産するが内裏にはなかなか戻れず、一条と再会したのは内裏退出から約一年半後、職御曹司においてであった。

職御曹司は本来、后の家政機関が置かれ、后の出産場所に用いられるなど后に附属する施設である。[37]

大内裏の中でも内裏近くに位置しているため、皇太子宮や太政大臣の執務室、あるいは内裏焼亡時の天皇らの一時避難所などさまざまに用いられた。一条朝では皇太后詮子が、神事の場でもある内裏に滞在しにくい時、例えば病悩や服喪、さらには出家の場として使用した。定子の使用が頻出するのは長徳の変以降である。定子やその所生子が職御曹司にいることがわかる記事は『権記』や『枕草子』に何度も登場し、数日の滞在というよりは、まとまった期間、生活しているように描かれている。定子の内裏参入を認めない雰囲気の中、天皇自身が来訪可能な場所として職御曹司に滞在させたのであろう。しかしその内裏外での再会すら、実資が「天下甘心せず」（『小右記』長徳三年六月二十二日条）と記すほど貴族社会は批判的であった。

当時の日記を見ると、定子への同情論は驚くほど少ない。定子排除に大義名分を与えたのが、髪を下ろしたことである。世を捨てたはずの出家者が天皇の寵愛を受けることに対する貴族社会の批判は大きかった。定子周辺もそれは認識していて、先述の「天下甘心せず」に続いて「彼の宮の人々、出家し給わずと称すと云々。太だ稀有の事也」と出家の事実を無かったことにしようとする動きとそれに対する実資の批判的感想が記されている。他にも長保元年（九九九）の内裏焼亡に関して、尼であった則天武后が後宮に入ったために唐が滅びたという故事を引き、尼皇后定子入内を暗に批判する儒者大江匡衡の意見を『権記』が記している[38]。定子が出家により藤氏后の責務である大原野神社の祭祀に携われないことが、この後、一帝二后並立への決定的な理由となってしまうことは前節でも触れた通りである。

一条後宮の女御たち

唯一のキサキを後宮から締め出そうとする以上、他のキサキの入内が検討されるのは当然である。長徳の変の二ヵ月後、詮子・道長の叔父にあたる大納言公季の娘、義子が入内した。さらにその四か月後、同じく伯父関白兼通の子である右大臣顕光の娘元子が入内した。それぞれ母は醍醐天皇皇子の娘、村上天皇の皇女である。公季はこの翌年に内大臣になっており、二人の大臣の娘から皇子が生まれれば、皇位継承候補者となるのは間違いない。さらに同四年に御匣殿別当という身分で入内し後に女御となった藤原尊子は、詮子の兄である亡き道兼と一条天皇乳母である師輔娘・繁子の娘である。道長は言うまでも無く、詮子も道長娘の入内、懐妊を望んでいたであろうが、既に冷泉皇統の皇太子居貞に王子が生まれている以上、幼い道長娘の成長をただ待つ余裕は無い。三人のキサキはいずれも母后詮子の血縁であり、『栄花物語』（巻四）が「誰なりともただ御子の出でき給はん方をこそ」と皇子を生んだキサキを応援しようという詮子の気持ちを伝えている。次の天皇居貞の皇太子を決めなくてはならない一条退位の時までに誰が皇子を生んでいるかによって最終的に推す人物は変わってくるであろうが、ともかく一条の皇子が欲しかったはずである。そのような中、懐妊したのは承香殿女御元子であった。一度里下がりした元子を内裏に呼び寄せるなど一条の寵愛も深かったが、月満ちても子は生まれず「水のみ、さゝとながれ」（『栄花物語』巻五）て終わってしまった。三人の女御は誰も皇子を生むことはできなかったのである。

皇子敦康誕生

結局、最初に一条の皇子を生んだのは中宮定子であった。定子を後宮から排除する道長の策は、当の一条天皇が受け入れず、第一皇女出産の三年後、第一皇子敦康が誕生する。長保元年十一月七日のことである。一条にとって待ちに待った円融皇統の皇位継承候補者で「天気（天皇のご機嫌）快然」（『権記』）であった。中関白家と不仲の詮子もとりあえずは愁眉を開いたようで、天皇経由で御剱を新誕皇子に贈っている。

しかし皆が歓迎したかというと、そうではない。例えば中宮の出産の場は中流貴族の前中宮大進（中宮職の四等官の三番目）平生昌邸であったし[39]、里下がりするための行啓定には公卿が誰一人出席せず、重ねての一条の要請に行啓当日ようやく参入したのも中納言藤原時光と実資だけであった。その実資も出産当日に「卯剋、中宮、男子を産む。世に云う横川の皮仙（かわひじり）なり[40]。」と冷ややかに書き留めるのみで、数日にわたって行われたはずの産養にも一切触れていない。天皇の命を受け出産に関する差配を行った蔵人頭行成の『権記』によると、誰が阻害したのか、新誕皇子の御湯殿儀について定子側の申請の一部が天皇に伝わっておらず、天皇の命令もまた定子側に伝わっていなかったという。

道長は時に専制的な面もあるが、もともと周囲に気を配り、自分の許に集まった富の再分配を積極的に行う気前のいい人物であり、貴族社会の支持を集めていた[41]。また、道長は現執政であると共に次代天皇居貞の唯一の外戚でもあり、当分の間は道長政権が続くことが予想される。もちろん権力におもねる人々もいたであろうが、同時にそのように安定的な政権が長く続くことを歓迎する貴族も多かったであろう。道隆晩年の年若い伊周のふるまいや、定子が一度出家した身であることが反感を買っていたこともあり、天皇の第一皇子誕生にもかかわらず、定子や中関白家に貴族社会は冷淡なままであった。

彰子入内

第一皇子誕生の六日前の十一月一日、道長の長女彰子が一条天皇五人目のキサキとして入内した。彰子は数えで十二歳、懐妊可能になるまでまだ時間がかかることは自明であるが、あるいはそれゆえ、道長は他の后妃との差別化を図ろうとする。

まず入内前の裳着に際して、彰子は従三位に叙された。キサキでも女官でもない少女に対して通常あり得ない高位である。当時、女御元子は正五位下、御匣殿尊子は従五位上、関白娘の定子ですら立后時に従四位下であったからいかに異例かわかる。さらにこの四カ月前、彰子の母倫子も従五位上から一気に従三位に叙されている。女院詮子が倫子の土御門殿や一条第をしばらく居所としたことを名目に、天皇に頼んだためであった。倫子は三世源氏であるが、内親王や二世王、従三位典侍である元子・義子・尊子の母に比べるとやや劣るため、破格の五階級特進が図られたのであろう。まずは位階で本人や生母を荘厳化したのである。

また、彰子の許に多くの有能な女房が集められたのは有名であろう。「女房四十人、童女六人、下仕六人」（『栄花物語』巻六）という記述には多少の誇張が含まれるかもしれないが、出自・容貌・教養など厳選された多くの女房が付き従ったことは間違いない。後に中宮宣旨となる源陟子（父は醍醐孫で中納言）、小少将（宇多源氏で倫子の姪）、藤原豊子（道長異母兄大納言道綱娘）など、一昔前ならば自身が入内できる公卿殿上人クラスの娘[42]や、古くから倫子に仕えていた赤染衛門をはじめ、後には紫式部・和泉式部・伊勢大輔など歌人や物語作者として有名な中流貴族の娘を多数集めた。道長は定子が最も栄華を誇った時期の中宮大夫であり、教養高い定子のサロンが一条天皇を惹き付けていたことを目の当たりにしていたことも力を注いだ理由であろう。

　彰子の居所に華美な調度品を揃えたことも知られている。中でも有名なのが入内に当たって制作された四尺屏風である（本書第二章も参照のこと）。『権記』によれば、延喜・天暦時代の大和絵の名手飛鳥部常則作の屏風に、当代の卿相の和歌を貼ったものであった。実資の許に屏風和歌の題と「倭歌を読むべし」という文が届いたのを始め、多くの公卿らに命令が下ったという（『小右記』同年十月二十三日条）。しかし実資は「上達部の役は荷汲（荷運びや水汲み）に及ぶべきか（いやもっと尊いもののはずである）」と拒否する。道長から催促の手紙が届くも実資は再び断わったため、二十九日に譴責を受け、翌日再度要請されている。実資は日記には批判を書いても結局は道長に従うことが多いが、この時は最後まで要求を突っぱねた。執政とは言え一大臣の娘の入内に和歌を献上することは、道長の九条流よりも嫡流であった小野宮流の誇りが許さなかったのだろうか。同じ小野宮流の公任が和歌を提出したのに対しても「近来の気色、猶、追従に似たり。一家之風、豈（あに）かくの如くんや。嗟乎（ああ）痛きかな。」と嘆いている。

　とは言え、実資の反発くらいで計画が頓挫するわけもなく和歌は選定され、三蹟の一人である行成が色紙形に書いて屏風は完成した。歌の作者は左大臣道長以下、大納言道綱、参議公任・斉信・俊賢、非参議高遠ら、さらに花山法皇までが「読み人知らず」として和歌を寄せた。「上達部、左府の命に依りて和歌を献ず。往古聞かざる事也。何を況んや法皇御製においてをや。」とは実資の批判である。そして完成の翌日、彰子は入内した。付き従う公卿は十一名、彰子の内裏直廬の室礼を点検している公任以外で供奉しなかったのは、娘を入内させている両大臣と中納言実資のみである。「末代の公卿は凡人に異ならず」と実資は嘆くしかなかった。

天皇初渡御儀の成立

改めて言うまでもないが、入内とは内裏に入ることで、狭義においては内裏に住む天皇やそれに准じて皇太子、場合によっては上皇と女性が正式に婚姻関係を結ぶことを指す。平安時代の儀式書に項目は立てられておらず、また史書等には入内事実以上のことが記載されることは稀なため、入内儀の詳細はわかっていなかったが、近年、摂関期以降の入内儀についての研究は大きく進んだ。貴族層が行っていた一連の婚姻儀礼である書使（婚姻前に男性から女性への恋文を届け、一度は女性も返書する）・沓取（足が遠のかないように男性の沓を女性の親などが抱えて過ごす）・衾覆（同衾した男女に衾をかける）・後朝使（初夜の翌朝に男性から女性に恋文を届け、女性からも返書する）・三日夜餅儀（結婚三夜目に新郎新婦が寝所で餅を食す）などが内裏でも行われたことも明らかにされた[43]。物語等と並んで貴族の日記に記されていたのである。醍醐皇子重明親王の娘徽子女王が村上天皇に入内した天暦二年（九四八）の『吏部王記』の記事はその古い例であるが、キサキが少数精鋭化していくにつれ、入内そのものが皇位継承や政治情勢とより密接につながるために貴族社会の関心が高まり、キサキの身内の日記はもちろん、身内以外の日記においても詳しく記載されるようになったのではないか。

ところで、当時の貴族層は婿取り婚であったため、男性が女性のもとへ三夜通うことによって婚姻が成立した。それに対して女性が天皇の空間である内裏に入る入内の場合、キサキ方で経営する後宮直廬はあるものの、婚姻儀礼としては天皇の寝所である清涼殿夜大殿にキサキが三夜召される形になる。そのため、婚姻成立後に天皇はキサキの直廬に初めて訪れることになるが、日記も含めて記録に残ることは無かった。あくまでプライベートで特別な儀礼も無かったのであろう。一方で円融朝以降、ほぼすべての天皇キサキが女御となったため、婚姻成立以降に女御宣旨が下され、それに対して新女御の一族公卿らが天皇に御礼を言上する奏慶を行うことが恒例となる。円融朝の媓子が史料上初見で（『親信卿記』天延元年〈九七三〉四月七日条）、その後も例えば一条朝の義子の時は女御宣下と一族奏慶が『小右記』に見える（長徳二年八月九日条）。ただし天皇初渡御記事はない。それがその三年後の彰子入内時においては『御堂関白記』『小右記』『権記』いずれにも両者が同日に行われた記事が残っている。これ以降の入内記事の多くに明記されていることからすれば、残っているのは偶然ではなく、この時に初めて日記に記すべき、先例とすべきものとして意識されるようになった、つまり儀礼化されたと考えることができよう。

では、なぜ彰子入内時に初渡御が儀礼化されたのであろうか。最も詳しい『小右記』を見てみよう。この日、道長から「今日女御宣旨下る。氏の上達部相共に慶賀を奏すべし。参入すべし」と使者が来たため、実資ら一族公卿は参内し奏慶拝舞を行った。ここまでは恒例である。

（前略）拝舞し、皆、陣に復す。左大臣（＝道長）・右大将（＝道綱）御所に参る。伝え聞くに主上、今日初めて女御直廬に渡り給う。左府の気色有りて、上達部、女御の直廬に詣づ源大納言・右大将・民部卿・余（＝実資）・平中納言・藤相公・左衛門督・右衛門督・左大弁・宰相中将・源相公。盃酒の事有り。巡行無筭、上達部・侍従淵酔す。唱歌・朗詠有り。賀茂祭調楽、直廬東辺を経て参入す。左府暫く留む。右衛門権佐宣孝を以て酒を勧めしむ。舞人四人出でて舞う。若しくは何ぞ故あるや。戌時許、南殿に還御す。

〔『小右記』長保元年十一月七日条〕

奏慶後、実資らが陣にいたところ、天皇が新女御直廬に初渡御したという知らせがきた。従来ならばごく身内以外には特に関係がない。しかし今回は道長の意向があったため、実資含む奏慶を行った藤原氏の公卿全員に他氏の公卿も加わり、彰子の直廬藤壺に向かうことになった。道長は『御堂関白記』に「即ち渡御す。上達部皆候す。他姓の人々参会す。巡行数度」と皆が集まったことを淡々と記すが、実は彼自身のいわば命令によって公卿らは集められたのである。藤壺では酒の用意があり盃が重ねられ、さらに賀茂臨時祭で奉納する舞楽の調習をしていた楽人舞人らを引き入れ、賑やかな宴となったのである。道長の意図は何であろうか。

この日の卯剋（朝六時頃）に定子が皇子を生んだ。ようやく入内はしたものの十二歳の彰子が懐妊可能になるのは遠い先のことである。そこで道長は、申剋（十六時）の奏慶拝舞の後、天皇初渡御に公卿を集め、戌時（二十時）頃まで酒席を儲けたのである。前例が無くとも初渡御に多くの公卿を動員できる彰子を女御の中でも別格として位置づけ、それに比して中宮定子が貴族社会において支持を得られておらず、皇子が生まれてもその宮に駆け付ける公卿がいないことを明らかにし、天皇や定子側を牽制したものと考えられるのではないか。初渡御儀が奏慶と同日であったのは、あるいはこの日に皇子が誕生したからかもしれないが、結果的には奏慶には氏公卿のほとんどが参加するため多くの公卿を藤壺に集めやすい非常に上手な設定である。ライバルのイベントに別のイベントを当てるのは道長の常套手段であるが、多くの公卿が参加せざるを得ない日程設定によって彰子を全貴族社会が推しているような雰囲気を作り、彰子の優位性を示そうとしたと考えられるのである。

偶発的に近い形で始まったと考えられる天皇初渡御儀は、これ以降、恒例となり、さらに同じく彰子の時から開始された可能性の高い内裏女房女官らへの賜禄も同日に行われるようになった[44]。そして院政期には三日夜餅儀も加わってさらに華美になり、入内儀を締めくくるもっとも華やかな儀礼へと変容していったのである[45]。

このようにさまざまな形で彰子の差別化がはかられたが、その最たるものはやはり立后である。彰子入内の翌月に太皇太后昌子内親王が崩御し后位に欠員の出ると、翌長保二年（一〇〇〇）二月、母院詮子の尽力によって彰子は立后し、一人の天皇に正妻である后が二人立つという異常事態となったのは前節で見た通りである。

一条后妃のその後

十三歳の新しい后に光が当たる中、同年十二月、二十五歳の皇后定子は第三子となる皇女を生み、産褥で崩御した。

定子が最後の懐妊をしたのは、彰子が立后儀を行うため内裏を出た間のことであった。一条天皇が出家者である定子を内裏に呼び寄せたのは彰子退出翌日で、春日祭使が出立する日であったため、道長は日記に「神事の日は如何。事は毎と相違す」と批判を綴っている。定子の三度の懐妊はすべて道長政権下の出来事である。もし定子を参内させないことが可能だったならば皇子女は生まれていないことになる。道長にとっては、定子への対応が後手に回り皇位継承争いを複雑にしたことには悔いが残ったのではないだろうか。この頃から道長娘以外のキサキの後宮排除が進んでいくのである。

長保元年六月の内裏焼亡後の一条院内裏において、義子と元子の女御直廬の場が設定された記事が『権記』にある。七月七日条では西対北廂にとの命が、同月二十一日条では西対北・西廂にと変更になっている。いかに手狭な里内裏とは言え、北廂を二人の女御で分けあうことはあまりということで設定し直されたのか、前者に脱落があったのかはわからないが、それでも西対の廂一つずつに設定された女御直廬は、彰子直廬が東北対全体であったのに比べてあまりにも差があり、内裏居住が想定されているのかすら疑問である。

三人の一条キサキの動向をみてみると、まず弘徽殿女御義子は、承香殿女御元子が懐妊して宿下がりをする時にその女童に馬鹿にされる『栄花物語』（巻五）の有名な逸話がある長徳四年三月頃以降、内裏にいたことは確認できず、叙位と年給、贈物くらいでしか史料に登場しない(46)。また、弘徽殿の殿舎は、長保三年頃には定子の遺児が使っていることがわかっている(47)。

次に御匣殿尊子は長保二年八月に内裏で女御宣下を受け、その日に内裏を退出している。それ以降はやはり叙位と年給の記事くらいしか残らない。唯一の参内記事が『権記』寛弘二年三月二十六日条で、翌日の修子内親王着裳儀で鬘(みずら)を結う役を奉仕している。ただし前日に参内していることからすると、通常は内裏におらず、着裳儀終了後ほどなく退出したのではないか。

そして承香殿女御元子である。懐妊し華やかに内裏から退出するも破水して終わってしまった長徳四年以降、里がちであった。とはいえ一条との交流が一切残らない先の二人の女御とは異なる。翌長保元年九月七日、元子が参内し、先の決定とはややずれるが西対北東角に入ったことを、道長が日記に書き留めている。彰子入内の二ヵ月前のことである。また『栄花物語』(巻六)によれば、翌年五月ごろであろうか、一条は里にいる元子を密かに恋しく思い、表立っての使いではなく、信頼する右近内侍という女房に文を託したという。しかしそれが道長に漏れてしまい自ら謹慎した右近に対して、道長が不快に感じている様子が描かれている。天皇が自分のキサキに対して「人知れず」恋しく思い「忍びやかに」文を送らなければならないような状況であったのだ。さらに東三条院里内裏であった寛弘三年二月にも元子は参内しているが「承香殿女御参る。白地(俄かなこと)なり。夜内に退出すと云々。輦車と云々」と、これも『御堂関白記』の記事だけが残る。正式な女御でありながら、人目を忍ぶように半日で退出している。そしてこれが彰子以外のキサキが一条天皇と対面した史料上最後の痕跡である(48)。

このように、道長政権下の一条朝において、彰子入内前後からキサキの存在が消え始める。これまでも、例えば冷泉朝の皇后昌子内親王が冷泉天皇の精神疾患のため里がちであった、あるいは円融朝で立后されなかった詮子が怒って参内しなくなったというような例はあるが、現役大臣の娘二人を含む女御が三人もいながら基本的に参内せず、中宮一人が後宮を独占するという事態は例をみないであろう。道長は強大な権力を背景に、一条の子を産む可能性が彰子にしか与えられないよう外堀を埋めていたことが想定できるのである。一方、一条にとっては定子が遺した敦康がいる以上、現政権安定につながる道長の娘はさておき、それ以外のキサキとの間に皇子を儲ける必要性は低下していたということかもしれない[49]。

天皇崩御後のキサキ

ところで、天皇崩御後のキサキについて、后位にいる人々以外については知られることが少ない。少々脇道に逸れるが、一条女御たちのその後について触れておきたい。

一条は寛弘八年六月十三日、病により譲位、九日後に崩御する。在位中の里内裏であった一条院で看取ったキサキは中宮彰子のみで、義子・元子・尊子の三女御の姿は無かった。

女御たちには一条の遺領等の分配もされているし（『小右記』長和元年四月四日条）、周忌法要でも中宮彰子同様、それぞれ諷誦を修しており（同五月二十七日条）、一条の正式な妻として遇され続けたことは間違いない。しかし病床の夫を見舞うことはもちろん、彰子入内後の十一年余は会うことすらほとんどできなかった。同じく大臣の娘という出自でありながら彰子とのあまりの違いは、摂関政治の犠牲者のようにも映る。が、実は三女御のうちの二人、尊子と元子はこの後、再婚し、新たな人生を歩んでいる。尊子の相手は参議藤原通任、三条天皇皇后娍子の同母弟である。一条崩御の四年後、尊子三十二歳、通任四十二歳の時に結婚したのであった。

一昨、祭使（＝道綱三男兼経）、大納言道綱家より出立す。（中略）摺袴二腰不足す。仍て料絹を給わり出立す。其の後、修理大夫通任并びに妻女御、袴持ち来たる。然れども其の事に会わずと云々。下官（＝実資）送る所の袴、又、是、出立の後と云々。

〔『小右記』長和五年二月十日条〕

春日祭の祭使は自分のだけでなく従者の衣装も揃えなくてはならないため、知己の公卿らに調達を頼むことが多かった。この時は通任と実資が摺袴一腰ずつ依頼されていたようであるが、どちらも出立までに間に合わず、公費から支給されることになったという記事である。七日が後一条の即位式と慌ただしい時期とはいえ困ったものであるが、ここでの注目は通任とその妻女御、もちろん尊子のことである。二人で同車して道綱家に向かったのは、家内の衣装の差配は正室の仕事であるから、尊子が摺袴の仕上げを車内で行っていたのであろうか。女御時代とはまったく異なる親密さであり、夫婦仲は悪くなかったように感じられる。

一方の元子はなかなか波乱万丈であった。一条崩御の翌長和元年閏十月、父右大臣顕光の堀河院にいる元子のもとに参議源頼定が通っていることが発覚する。頼定三十六歳、元子はその二歳くらい下であった。『小記目録』には「右大臣女御（＝元子）、自ら髪を切り尼と為る事」と記されるが、『栄花物語』（巻十二）によれば、顕光が激怒して元子の髪を切ったとする。実資の元記事が読みたいところである。いずれにしても顕光の強要による出家だったのであろう。果たして一か月後には「右大臣女御、夜逃げの事」との項目があり、元子は父の許から頼定のところへ夜に紛れて逃げ出したのである。

当時、女性の再婚は珍しいことではなく、天皇キサキであっても夫の崩御後や出家後であれば非難されるようなことはない。例えば実資の二人目の正妻は、この頼定の姉にあたる、もと花山天皇女御であった。頼定は父が村上天皇と皇后安子の皇子為平親王、母が醍醐皇子源高明の娘という最上級の血筋の公卿である。この二十年ほど前に三条天皇の皇太子時代のキサキ綏子と密通するという事件を起こしてはいるが、『枕草子』に美しく教養高い公達「宮中将」として登場するなど世の評判は決して悪くはなかった。顕光の心情はともかく、世論は元子と頼定に同情的であった。後に顕光と元子の間に堀河院の相続問題が持ち上がった時も、同じ一条天皇のキサキであった母后彰子は元子の味方をしている。両者は四年後に一応の和解をした。道長が「右大臣、年来の間、彼の宰相の妾（＝妻）女御を勘当有りて相合わず。此れ宰相に嫁して已に数年、而るに今日、件の家の狭食（＝桟敷）に右府来たると云々。甚だ能き事也」（『御堂関白記』長和五年四月二十一日条）と記している。二人の間には女子が二人生まれた。元子は頼定の死の二か月後、出家しており、こちらも夫婦仲は良かったことがうかがえる。

入内し天皇のキサキとなることは貴族女性にとって憧れであり誉れであったろうが、尊子や元子にとって、夫天皇と共に過ごすことが難しかった女御時代と、一貴族の妻になってからと、どちらが幸せであったか考えさせられるその後である。

敦康親王と皇位継承

さて、中宮彰子は一条後宮をほぼ独占した定子崩御の時点で十三歳であった。当時の出産可能年齢を調べた研究では、醍醐から後朱雀のキサキの初産年齢は十四名の平均で二十一・四歳、いちばん若くて十九歳だという[50]。実際、彰子の初産も二十一歳である。出産が期待できるのはまだ先の話であり、もちろんこの段階では最後まで皇子を生まない可能性もあったわけである。その場合、円融皇統存続のためには敦康を皇位継承者にするしかない。そこで定子崩御の翌年、『権記』長保三年八月三日条によれば、母も有力な後ろ楯もない第一皇子を（その時点で）子はいないが有力な後ろ楯を持つ中宮の猶子にするという行成の案が採用される。一条は失脚した外戚を持つ唯一の皇子に強力な後ろ楯を得ることができ、東三条院詮子は円融皇統のとりあえずの後継者を確保でき、道長は外孫皇子を得られない時の保険をかけることができる。当時の権力中枢の三人全員の利害が一致する良案であった。

この猶子関係はしばしば見られる形ばかりのものではなく、魚味始(まなはじめ)や着袴儀、天皇御対面儀、読書始といった通過儀礼が彰子居所で行われ、さらに「皇子、去秋以後、中宮に渡り給う」（『権記』長保三年十一月十三日条）、「男一親王直廬藤壺。即ち是中宮御在所なり。」（『小右記』寛弘二年三月二十七日条）とあるように、藤壺で同居するという実態を伴っていたことがわかる。

道長も実の外孫皇子に対するようにいろいろな場面で奉仕した[51]。敦康にとって道長は、亡き外祖父の同母弟である。冷泉天皇や円融天皇が亡き外祖父師輔の同母兄実頼を摂関にしたことを思えば、敦康即位後も執政の位置にいることはあながち不可能ではない。ただし、伊周・隆家という敦康の実の外伯父が一度は流罪となりながらも公卿の列に復帰している以上、敦康との絆を強くしておくことは必要不可欠であったろう。また、政権中枢の一員であり天皇に親権を行使できる母后の重要性を良く理解している道長としては、敦康即位後に彰子を生母同様に遇することを目論んでいたのではないか。院政期以降になると天皇養母や准母は生母同様に扱われることが多いが、摂関期に生母以外が母后として扱われたことはほとんど無い。唯一の例外は醍醐養母の扱いで皇太夫人となった藤原温子だけである。ただし温子は生母のように内裏に居住することも、婚姻などに際して醍醐に親権を行使することもできていない。そのような有名無実では無く実権を伴った母后とするべく、彰子が敦康と同居し扶養にあたるという実態を伴った猶母子関係を考えたのであろう。とはいえ、十四歳の少女に三歳の皇子の養育は難しいであろうから、実際には彰子の母源倫子の助けが大いにあったようである。『御堂関白記』には倫子が敦康参内の御供をしたり、賀茂祭行列や平野行幸行列の見物に同行する記事が見られる[52]。道長家全体での敦康囲い込みであった。娘を後宮に入れて皇子を期待することは多くの貴族が行ってきたが、娘に皇子誕生が成らなかった時の保険をかけておくというのは他に例を見ない。後宮政策の重要性を熟知する道長ならではであろう。

しかしながら彰子が皇子敦成を生むと敦康の利用価値は無くなり、むしろ敦成の（後には弟敦良の）皇位継承計画にとって邪魔な存在となった。彰子と敦康の同居は解消され、道長による奉仕も無くなるのは当然であった。もっとも彰子と敦康にとって擬似母子関係が功利的なものだけではなかったことは、その後、三条即位時と敦明の皇太子辞退時に二度にわたって、彰子が敦康の立太子を父道長に訴えたという出来事からうかがえる（『権記』寛弘八年五月二十七日条、『栄花物語』巻十三など）。また、敦康は清涼殿での元服儀の後、生母に准じて彰子居所に参上しているし（『御堂関白記』寛弘七年七月十七日条）、三条朝における敦康の婚儀は相婿である彰子の同母弟頼通の差配するところではあったようだが、場所は彰子居所の枇杷殿西対で、敦康の装束も彰子が調えている（『御堂関白記』長和二年十二月十日条）。父天皇崩御後の敦康にとって、皇太子あるいは天皇の生母である彰子の庇護は心強かったことであろう。

第二節でも触れたが、后が生んだ第一男が夭折したわけでもないのに皇太子になれなかった例は、平安時代を通して敦康親王のみである。言い方を変えれば、それほど后と皇位継承者は密接であり、后所生の敦康に勝てるのは、后所生の皇子だけなのである。そのため道長はどんなに強引でも彰子を后位につける必要があった。そして、詮子の後押しと神事を務める后がいないという行成発案の大義名分、さらに遡れば皇后の位を皇后と中宮に分離するという一条朝前期の四后並立時の先例によって、道長は天皇の外祖父となる環境を整え、後宮を独占して一夫一妻状態にすることによって彰子が懐妊する可能性を上げ、ついに皇子が生まれた時に、道長の覇権への準備は完成したのである。

寛弘五年九月、彰子は待望の一条第二皇子敦成を生む。図1-7はその約一か月後の土御門行幸の様子である。中央にいる道長が敦成を抱いて一条天皇に御覧にいれようとしており、それを御帳台の中の中宮彰子、その手前にいる母源倫子らが見守っている場面である。政権奪取から十三年、父や兄の後宮政策を見てきた道長にとって、ついに訪れた自らの後宮政策の結実、栄華へと続く「つぼみ花」が誕生したのである。『御堂関白記』にも詳しい記事があるが、敦成誕生当日の『小右記』（『御産部類記』所引）が「御喜悦の心、喩うべき方も無し」と道長の歓喜を伝えてくれる。また、道長の命令で書かれたともいわれる『紫式部日記』には、敦成の粗相で直衣が濡れても「うれしきわざかな」と大喜びする道長の様子が描かれている。

図1－7　土御門第行幸模型　風俗博物館（撮影：倉本一宏）

彰子は続いて翌六年十一月に第三皇子敦良を生んだ。亡き皇后所生の第一皇子敦康は賢く成長していたが、同八年六月、一条が病篤く譲位するにあたって次期皇太子に指名したのはやはり敦成であった。敦康が意中であったとも言われる一条や彰子にとっては苦々しさを含むものであったかもしれないが、道長にとっては、実の外孫の立太子が叶い、一条朝の後宮政策は大成功で終わったのである。

さて、二人目の皇子が生まれると、道長はここから次代天皇の後宮政策に着手した。皇太子居貞、後の三条天皇の後宮である。

皇太子居貞

三条の父は村上天皇と皇后安子の第一男冷泉天皇である。精神疾患があると言われ在位はわずか二年であったが、后腹の第一皇子であり父帝により生後間もなく皇太子に立てられ、嫡流と見做された。同母弟の円融天皇は、病気の長兄、安和の変という政争に巻き込まれた次兄に代わり、父帝母后の崩御後に急遽皇位継承者となったものの傍流と位置付けられたのは、これまで見てきた通りである。冷泉・円融両皇統が順番に皇位を継承し、三条は、異母兄である冷泉皇統花山の後を継いだ円融皇統一条の皇太子に立つ。父同士も母同士も兄弟姉妹であるイトコの天皇より四歳年上の皇太子であった。

三条と一条の外戚関係はすべて同じなわけだが、一条母詮子が即位後も十五年にわたって権力中枢構成員として天皇と摂関の紐帯となり貴族社会で重んじられたのに対して、三条母超子は円融朝に亡くなっていた。兼家は最初の外孫であり娘の忘れ形見である三条やその弟たちを自邸東三条殿で大層大事にしたというが、道長にとっては、三歳の時に入内し十七歳の時に亡くなった十歳以上離れている長姉は、何かと可愛がってくれた次姉詮子と比べると親しみのわく存在ではなかったであろう。もちろん唯一の外戚として皇太子居貞に親しく奉仕していたことは日記類からもうかがえ、十歳違いの叔父と甥の関係性に当初は何の問題も無かった。ただ、入内させようにも娘が幼く、また一条後宮のほうが喫緊の課題であったため、居貞後宮については手付かずでいるうちに次々と王子が生まれてしまったことが両者の仲を複雑にしたことは否めない。

居貞（三条）後宮

一条朝前半の居貞皇太子後宮には三人のキサキがいた。前節で触れたように、尚侍として摂政兼家の庶出の娘綏子、大納言済時娘娍子、御匣殿別当として関白道隆二女原子である。綏子は麗景殿、娍子は宣耀殿、原子は淑景舎（桐壺）という居貞居所梨壺近くの殿舎を直廬とし、内裏後宮の東側はあたかも皇太子宮のようであった。対して、年下の一条天皇のキサキは中宮定子ただ一人で、天皇御所の清涼殿と同じ内裏の西側にある登花殿を主な直廬にしていた。三人のキサキを擁した〝華やかな〟居貞後宮はしかし、短期間に過ぎなかった。綏子が密通事件を起こして後宮を退去し[53]、原子は父を亡くし兄伊周らが罪人となったことで「参り給うこと難し」（『栄花物語』巻七）と里がちとなる。さらに、それでも居貞の寵愛を受けていたらしい原子は、長保四年八月四日に亡くなる。『権記』が「淑景舎君（＝原子）、東三条東対御曹司にて頓滅すと云々。聞き悲しむこと極まり無し」と載せるように、当時の皇太子宮である東三条殿における突然死であった。『栄花物語』（巻七）は「御鼻口より血あえさせ給て、ただ俄かにうせ給へるなり」と尋常ならざる死であったこと、しかも娍子周辺のその死への関与が取り沙汰されていたことを伝えている。あくまで噂に過ぎないにせよ、結果として原子の死は娍子による居貞後宮独占を意味した。天皇後宮が道長の力によって彰子の独占となるのと同じ頃、年上の皇太子の後宮では、道長の後宮政策と関係ないところで、一人のキサキの独占状態となったのである。

娍子は朱雀朝の摂政関白忠平の五男師尹の子孫、いわゆる小一条流の出で、当時の中心である忠平二男師輔の九条流でも、やや分が悪いながらも嫡流である忠平長男実頼の小野宮流でもない大納言の娘であった。当時の政権トップ道隆は亡き父兼家のように天皇と皇太子両方に娘を入内させることを考えていただろうが、二女原子は娀子入内時に満十一歳くらいと幼い上、冷泉皇統を快く思わない一条母后詮子の存在もあり、この時点では居貞後宮への関与は難しかったであろう。済時と道隆は酒飲み仲間で良好な関係性であったようだし、身分的に立后は難しいため、いずれ入内させる娘の敵にはならないと考えて娀子入内を容認したのかもしれない。また、娀子の叔母は美女で名高い村上天皇女御芳子であったから、居貞自身が望んだということもあるのかもしれない。その後、十五、六歳になった原子が東宮に入内するが数ヵ月後に道隆が亡くなり、その数日後に娀子の父済時も大流行の疫病によって亡くなる。有力な後見をもつキサキ不在の皇太子後宮において、やがてただ一人のキサキとなった娀子は正暦五年（九九四）誕生の第一子敦明を筆頭に寛弘二年（一〇〇五）まで四男二女を生んでいた。

皇太子キサキ藤原妍子

道長と倫子の第三子妍子が皇太子居貞に入内したのは一条朝末期の寛弘七年二月二十日、数えで十七歳の時であった。六歳年上の姉彰子が十二歳で入内したのと比べるとかなり遅いのは、実際に懐妊可能な年齢になるのを待っていたからであろうか。あるいは彰子が二人の皇子を出産し次々代の目途がたったことで、道長はようやく皇太子後宮に目を向ける余裕ができたのかもしれない。妍子入内の日時勘申を行ったのは、彰子所生の第二子敦良五十日儀の翌日であった。

十歳の時に二歳上の同母兄頼通の元服と同日に裳着を行った妍子は、翌年尚侍に任じられ、ついで従三位に叙された。参内記録はほとんど無く、年齢的にも実際に職務を行ったわけでないことは明らかである。父の異母妹で、元皇太子キサキである尚侍綏子が同年初めに薨去しており、尚侍の定員に空きがでたことによるものであろう。道長は父兼家の後宮政策にならって、東宮入内予定の娘に最上級の女官の地位と高い位階を帯びさせることで、公的な身位の定まらない皇太子キサキの中の上位に位置づけようとしたと考えられる。身分的には妍子の敵でないとはいえ、皇子を三人産んでいる娍子が皇太子後宮にいたことは道長にとって気になるところではあったろう。妍子は入内一か月前に従二位、入内後の同年十一月に正二位にまで上っている。

円融皇統の天皇と冷泉皇統の皇太子両方に娘を入内させ外孫を得ようというのは兼家、道隆と同様である。執政の娘の入内は貴族社会において安定のため歓迎すべきことであり、三条即位後の妍子立后は規定路線であったろう。後ろ楯の弱いキサキ一人しかいない皇太子居貞にとっても道長との結びつきが強まることは喜ぶべきことであったはずである。一条への彰子入内もそうであるが、定子や娍子という長年連れ添ったキサキへの愛情と、天皇あるいは次期天皇としての自覚は別物である。特にこの二統迭立期においては常に自分の血筋が皇統からはじかれる危険性があるため、有力キサキとの間に皇子を得ることは重要であった。時に三条三十五歳、娍子三十九歳、妍子は三条と娍子の第一子敦明と同じ十七歳である。

妍子入内は内裏焼亡のため枇杷殿里内裏期であり、皇太子宮は、妍子の母方の祖父故源雅信の一条第であった。『御堂関白記』によれば妍子付女房が二十人、童女四人、さらに中宮彰子から車二台女房八人を借りた行列に公卿十余人が供奉し、十余年前の彰子入内と遜色なく華やかに行われた。天皇への入内と同様、妍子は三ケ夜、居貞の寝所に召されたが、その間毎日、妍子の曹司辺には多くの公卿殿上人らが集まって饗にあずかり、道長も内裏に行かずつきっきりであった。入内の六日後には初めて皇太子が妍子曹司を訪れる初渡御儀が行われた。彰子入内時に、他の后妃への優位性を示すために道長の意向で初められた儀礼である。この時道長は乳母以下の東宮女房に女房装束や絹など豪華な贈物をしている。初渡御時の天皇や皇太子に仕える女房達への贈物について日記史料にはっきりと現れるのはこの時が最初である。が、ここで注目したいのは、饗宴がおこなわれた妍子の曹司以外の、東宮殿上人、女房、蔵人所、帯刀陣や春宮坊庁といった東宮に仕える人々にも広く食べ物が配られていたことである。『権記』には、そのうち東宮殿上に詰める男官への垸飯は権中納言行成自身が、女房詰所である大盤所への垸飯は権中納言源俊賢が、菓子二十合は参議源経房が担当したと記されている。彰子の時にはやや突発的に道長によって用意された饗宴であったが、この時は家司でも親族でもない公卿が朝廷儀式の賦課のように担当させられていた。彰子入内の屏風歌に対して公卿らに奉仕を求めたように、道長は一公卿の娘の入内儀礼にもかかわらず公事のように扱おうとしていることが見て取れる。それはあるいは娘の東宮入内を狙っているかもしれない公卿に対して、あるいは居貞自身に対して、そして何より娍子に対しての圧力になったことであろう。

この初渡御に同行した公卿十二名の中に内大臣公季がいる一方で、右大臣顕光はいなかった。彰子の時に顕光・公季両大臣が参加しなかったのは二人が自らの娘を入内させていたためであろうが、今回、顕光が参加していないのは、この時すでに居貞と娍子の間の第一王子敦明と二女延子が婚姻を結んでいたからではないだろうか。二人の結婚時期ははっきりしないが、敦明はこの四年前に十三歳で元服しているから、すでに顕光に婿取られていておかしくない。妍子の入内、立后は既定路線であっても、皇子を生むかわからない以上、敦明即位の目は皆無ではない。愚鈍と言われる顕光ではあるが[54]次代のための手は打っており、いまだ道長の将来にわたる覇権が確立しているわけではなかったのである。

三条朝の二后並立

寛弘八年六月十三日、皇太子居貞が践祚すると、二ヵ月後、二人のキサキに女御宣旨が下る。そして翌長和元年（一〇一二）正月三日、妍子に立后宣旨が下り、二月十四日に皇后となる。内裏で宣命が出された後、妍子のいる東三条殿に諸卿が参集し盛大に立后大饗本宮の儀が行われ、翌日翌々日も続いた。外戚にして執政、しかも皇太子外祖父である道長の娘の立后は安定を望む貴族社会からは歓迎されたであろう。道長の日記には儀式の流れや内裏女房への贈物などが落ち着いた筆致で綴られている。本宮の儀に参列した人々についても「公卿・侍従」「大臣、外の諸卿」「諸卿の参入、昨日の如し」とする。道長という人は、何か心にある時は儀礼に出席した人の名を一々記すことが多いが、この時は個人名を挙げていなかった。

ところが三条天皇がもう一人の女御娍子を立后させようとしたことで事態は急変する。

内（＝内裏）より右大弁（＝源道方）来る。「今日、宣耀殿女御（＝娍子）を以て皇后に立てるべき宣旨下すは如何」者り。余、奏せしめて云く「先日仰せ事承る。左右に随うべし」と。仰せて云く「宣旨下せ」と云々。

〔『御堂関白記』同年三月七日条〕

天皇もしくは大臣の娘以外が立后した例は、九世紀初めの嵯峨皇后橘嘉智子まで遡る。まして娍子は既に父が無く、三条朝になって参議に任じられたばかりの弟通任がいるだけである。貴族社会の常識に反するものであり、想定外の出来事であったろう。道長はこの数日前に打診されていたらしい天皇の意向に従ったものの、平穏に収まるわけは無い。娍子立后当日の四月二十七日、中宮妍子の立后後初入内儀も行われ、公卿らがこぞって妍子方に参加したことは周知のことである。これが意図的な道長の嫌がらせであったのか、スケジュール的な不可抗力であったのかは論がわかれるが[55]、道長が娍子立后儀に非協力的であり三条天皇の面目を失くす状況をあえて回避しなかったことは間違いない。先日の妍子立后とは異なり、この日の『御堂関白記』は妍子初入内儀に参列した公卿の名を、指名していて参加した人、指名していないのに参加した人、指名したにもかかわらず参加しなかった人にわけて記載し、娍子立后儀に参列した四人の公卿、実資やその兄懐平、中関白家の隆家については理由を類推する書き込みまでしている。対する実資の日記も長文が残っており、千年前の出来事について立場が異なる二人の日記を照らし合わせて読むことができるというのは実に贅沢なことで、日記ならではの醍醐味である。

『小右記』によれば、大納言実資はもともと両方に参加しないつもりでいたが、娍子立后宣命儀の上卿を務める者がいなかったため当日になって天皇の命令で娍子立后に関わることになった。「天に二日無く、土に二主無し。仍て巨害を懼れざるのみ」と自らに言い聞かせるくらいであるから、道長の対決姿勢は開始前から感じていたのであろう。実際、道長もしくは道長邸に集まった人々による「妨遏」や「公事無きに似たり」などという批判が随所に書きこまれることになる。最も問題となったのは立后宣命についてで、一字一句を推敲され使を二往復させられた実資はこれを嫌がらせと認識している。一方、道長からすれば、内容がかぶる場合は後に発給される文書が効力を発するのが一般的であるから、先に出された妍子立后の宣命が無効になるのを防ぐため、あるいは二后のうち妍子の優位性を打ち出したかったため慎重を期したと先学に分析されており、こだわるのも仕方のないところではあった。(56) そもそも、妍子立后に際して道長は数日前に宣命の文言をチェックしているのに対して（『御堂関白記』同年二月九日条）、内覧である道長の内裏不在をわかっていながら当日になって宣命草案を考え始めること自体、長く文書行政を主導してきた道長に対抗するには三条天皇方はやや準備不足であったと言わざるを得ない。

また、それぞれの饗には妍子側が道長以外に公卿十二名、殿上人は「首を挙げて」参列したのに対して、娍子側は公卿四名、殿上人や衛府の将佐はゼロであった。付け加えると、三条と娍子の皇子敦明キサキの父右大臣顕光は、どちらにも参列していない。三条に宣命儀の上卿を命じられたものの病気を理由に断っている。もし誰もいなければ参入する旨を伝えていることからすると嘘ではないまでも参内不可能な重病ではなさそうであるのに、敦明の地位確立に直結する立后儀に欠席とは、三条も娍子も頼りにならないと感じたことであろう。

さらに翌日、藤壺における妍子の饗宴には前日参らなかった実資・懐平・隆家も参加している。これは彼らを追い込まないようにする道長の配慮であるという。[57]通例では新后の本宮では立后翌日と翌々日も饗宴が行われるものである。どの史料も触れていないので全くわからないが、もし行われたとすれば公卿は娍子の兄通任ただ一人かもしれず、行われていないとすればそれもまた異例中の異例であった。

結局のところ、娍子立后と妍子初入内が同日に行われたことで、貴族社会の支持がどちらの后にあるのか、もっと言えば三条天皇と道長のどちらにあるのかが白日の下にさらされる効果があったことは間違いない。一方で、それでも娍子は正式な皇后となったのであり、后腹親王となった敦明は確かな皇位継承権を得たというのもまた事実であった。

そうである以上、道長の娍子・敦明側への態度は好転するわけもない。この数日後にも新皇后娍子への恒例の勧学院奏慶を道長は氏長者として辞めさせている（『小右記』同年五月二日条）。また、娍子の立后後初入内はこの十一カ月も後である。つまり娍子は皇后でありながらずっと内裏に入ることができなかったのである。この時は妍子の懐妊里下がり中であり、娍子所生の第二・第三皇子元服儀のためという名目もありようやく実現したのであろう。もちろん妍子の初入内儀の華やかさと比べると、娍子のそれは供奉を命じられた公卿のうち五人が参上せず、諸衛の将佐もいないという寂しいものであった。この行啓定も娍子の皇后宮大夫を選ぶ定も上卿がいないためなかなか行えていない。「皇后宮辺の事、諸卿承り行い難きの気色有り。太だ奇なり、太だ奇なり」と実資が批判しているように（『小右記』長和二年三月十六日条)、できるだけ関わりたくないというのが貴族たちの本音だった。正月二日に公卿殿上人らから后が拝礼を受けて君臣関係を確認する重要儀礼である中宮大饗も、長和年間から内裏にいる后にしか行えないよう改変されたため、娍子は一度も行えていない[58]。道長は娍子の不完全な后ぶりを度々明示し、貴族社会全体が皇后娍子を受け入れない雰囲気に満ちていたのである。

それではなぜ三条は貴族社会の慣例を破って反感を買い、道長との関係性にひびをいれてまで娍子立后を行ったのか。一番の理由は冷泉皇統の存続のためではないだろうか。入内して日が浅い妍子がこのあと皇子を生むことは十分期待を持てる。一方で、円融皇統には皇太子敦成以外に二人の后腹皇子がおり、そのうち一人は道長の外孫である。もし妍子が皇子を生めば道長の外孫となるため、即位の可能性は高いであろうが、生まなかったならば、娍子所生皇子はいるものの、母が女御のままでは一条の皇子たちより出自でも後見でも劣るため即位の目は無く、冷泉皇統は断絶してしまうことになる。二人の同母弟、異母兄花山、さらに前年に父冷泉を亡くし、嫡流であるはずの冷泉皇統を受け継ぐのは自分のみになってしまった今、三条は妍子が皇子を生まなかった場合のために皇位を継ぐ資格のある皇子を確保したかったと考えられるのである。

一方、道長にとって娍子立后および敦明の皇位継承候補入りは、妍子が皇子を生めばその皇子の、産まなければ一条と彰子の第二皇子敦良の、いずれにしても外孫の脅威となる。もしも彰子が皇子を二人産んでいなければ、敦明に娘を入内させるという選択肢もあったかもしれない。また、妍子が長和二年に二十歳で生んだのは皇女であったが、後宮は妍子の独占状態であるから、今後の皇子出産の可能性は十分にあったであろう。しかし、政務においても三条との軋轢が深まり、また徐々に自分自身の健康に不安を覚え始めた道長はこれからの可能性に期待するよりも、すでに存在している敦良に望みをかけ、両統迭立を終わらせる方向に向かい始めたと考えられる。三条朝末期の長和四年には三条から妍子への新造内裏に参入せよという度々の命令をかわし、代わりに皇后娍子の参内を三条に勧めている（『小右記』長和四年十一月十五日条）。道長礼賛で貫かれている『栄花物語』には、一条あるいは三条天皇の気持ちを慮って道長が娘以外の入内を勧める場面が散見されるが、日記史料で確認できるのはこの一度きりである。三条後宮にはもはや用が無くなったということであり、同時に一条朝やこれまでの三条朝で見られた娘以外のキサキの存在を後宮から消していくやり方は、単なる嫌がらせや意趣返しではなく、政治的に意味がある後宮「政策」だったことがわかるのである。

周知のように、三条は健康を害し、長和五年正月、退位する。新皇太子は三条と皇后娍子の第一子敦明となる。道長は敦明立太子に反対はしなかったが、敦明後宮に対して何の働きかけもしておらず、その即位は無いものと思っていたと考えられる。そもそも敦明はこれまでも、出家騒ぎを起こしたり（『権記』寛弘八年十一月二十四日条）、公任の息子を打擲（ちょうちゃく）しようとしたり（『小右記』長和三年十二月八日条）、検非違使別当の家に家人を押し入らせ濫行させたり（同四年四月四日条）、皇太子に自分ではなく同母弟敦儀を勧めてみたり（同五年正月二十四日条）となかなかの問題児であった。果たせるかな、譲位の翌年に三条が崩御すると、三ヶ月後には敦明は自発的に皇太子位を下りた。敦明の唯一のキサキの父であり皇太子傅（ふ）となっていた右大臣顕光は、何の政治力も発揮できなかったのである。一方、それまで敦明後宮に何の働きかけもしてこなかった道長が、皇太子を下りた途端、庶出とはいえ高松殿源明子との娘寛子と結婚させ、敦明を好待遇でもてなすのであった。

母后彰子と後宮直廬

道長の後宮政策の結実が長和五年正月の外孫後一条の即位と、翌寛仁元年（一〇一七）八月の同じく外孫敦良の立太子である。皇統はついに円融流に集約され、道長姉詮子が生んだ一条天皇と道長娘彰子の間に生まれた二人の皇子が継いでいくことになった。外祖父摂政は良房、兼家に続いて三人目、天皇・皇太子双方の外祖父となるのは父に続いて二人目である。しかも天皇に父権を及ぼせる父院はおらず、天皇の唯一の親権者である母后・その父摂政・幼帝から成る強固な政権中枢が誕生したのであった。

それは道長の巨大な権力を意味すると同時に、その要であり、天皇と皇太子の母后である彰子の権力をも意味する。正月二十九日、皇位の象徴である剣璽と神鏡が三条の枇杷殿内裏から敦成と彰子がいる土御門殿に遷り践祚が成ると、八歳の新帝の最初の行動は寝殿の母后の許へ行き御簾内にて拝礼をすることであった。

即位式は二月七日、これまでの幼帝と母后同様、土御門内裏から大内裏八省院まで後一条と彰子は同輿で移動した。彰子は大極殿高御座後方北廂にある西幔から出て、天皇と共に高御座に上り、参列者や見物者を見下ろした。史料上確認できる母后同座の初例であり、今後の恒例となる。[59] 道長は摂政として天皇の作法を領導し高御座後方の東幔の座に着いた。この即位式への関わりは既述の通り母后権威の表徴であり、同時に母后と摂政それぞれの天皇の「後見」という役割の表徴でもあった。加えて正月には中宮大饗を行い内裏昇殿者から拝舞を受ける天皇以外で唯一の存在として、さらに朝覲において天皇から直接拝舞を受ける唯一の存在として、母后の権威が表現されたのであった。

母后としての彰子の権力については近年、研究が進んでいる[60]。本章で扱ってきた藤原穏子、藤原詮子に続く幼帝母后として、特に後一条元服以前を中心に、大きな影響力を発揮している。道長や頼通が自ら決めにくい摂関に関わること、あるいは後宮に関することは母后令旨によって処理されたり、内覧している例が多い[61]。また、後一条の後院司人事や後朱雀の蔵人頭人事など、人事に関しても摂政道長や関白頼通がまず彰子の許可をとってから決定を下している例が散見される[62]。さらに前天皇三条に太上天皇号を奉る詔書を内覧したり、彰子が官奏作法について関与した例が院政期に参照されたりと、より一般的な政務に関わった例もあり[63]、多岐にわたっている。これら母后彰子の政治力については本書第二章で詳しく見ることとするが、ここではその舞台となった後宮空間について触れておきたい。

天皇生母が健在な場合、朱雀朝の穏子や一条朝の出家前の詮子のように、内裏に居住するのは見てきたとおりである。彰子も後一条朝前半の六年間、内裏を御在所とし、その後も折に触れ内裏に入っている。

ところで平安宮内裏において、十世紀頃から後宮にいる姉妹や娘に便乗する形で公卿の後宮直廬が形成され政務の場となったことがわかっている[64]。特に有名なのは一条朝の彰子、三条朝の妍子、後一条朝の威子と三代にわたって道長の娘が藤壺を曹司としたために道長も藤壺を中心に直廬を持ったことである。三条朝や後一条朝に准摂政や摂政となると、道長は後宮直廬で除目や叙位といった天皇大権の行使をするようになる。さらに後一条朝には後宮の摂政直廬だけではなく弘徽殿等を御在所とした母后彰子の御前で除目や叙位、そのほかの政務を行った。先に挙げた彰子の関与も「后宮御前」で行われたものは多い。つまり摂関の地位を保証する要である母后や妻后の存在を、本来は政務とは直接関係がないはずの後宮空間を使用することによって明らかにし、他の貴族とは隔絶した家筋を誇示することができたのである。一方、后にとっても、自らの御在所や御前で父兄弟が政務をとることは権威増大に繋がるとともに、自分の意向をより直接的に反映することが容易になるという利点があった。摂関政治の政権中枢である摂関と后は、後宮空間において互いの権威を高め合い、政治に関与したのである。

後一条後宮

天皇・母后・外祖父摂政（後には外叔父摂関）からなる安定的な政権中枢が領導していた後一条朝の後宮は、皇后ただ一人であった。道長と倫子の第三女、彰子の同母妹である皇后威子のみに皇位継承者を生む可能性が集約されたことになる。この限定されたキサキのみの後宮が、道長が目指し、キサキ決定に最も影響力を持つ生母彰子も認めた後宮の姿であったということであろう。

威子は長保元年十二月に誕生した。姉彰子入内の翌月である。寛弘七年に十二歳で正四位下に初叙されると、翌々年の長和元年八月に尚侍となる。同母姉妍子がこの年の二月、立后によって辞した替わりであろう。『小右記』には女官除目の上卿を勤める隆家が「頗る鬱々の気」があること、左中弁朝経が

「若しくは左府の女、任じるべきか」と言ってきていることが記されており、威子就任は驚きをもって受け止められたのであろう。いまだ威子は着裳前だったのである。後に同母妹嬉子と姪生子が着裳前に揃って尚侍と御匣殿に任じられたことが有名であるが（『小右記』寛仁二年十一月十五日条）、初例は威子であった。勤務実態がない尚侍とはいえ、成人していない童女が女官それも最上位の尚侍に任命されるなど前代未聞である。叔母綏子、同母姉妍子同様、入内を見越しての尚侍就任である。この年十月に着裳、閏十月の大嘗祭御禊女御代を務め、従三位に叙されている。

後一条は八歳で即位したため、威子が入内したのは、寛仁二年三月七日であった。後一条は元服したばかりの十一歳、威子は二十歳、尚侍に加え前年末には御匣殿別当にも任じられている。入内と三日間の饗宴、二十五日の初渡御についても姉たちに勝るとも劣らないほど盛大に行われた。特に初渡御に関しては前日に大殿道長と摂政内大臣頼通が雑事定を行いさらに大がかりになり、内裏女房達への贈物以外に、摂政以下、伺候した公卿殿上人らにも豪華な禄が出されている。またこの時に限り、女御宣下と氏公卿奏慶は翌月の新造内裏遷御日に行われた。唯一のキサキへの初渡御儀は、氏公卿奏慶とからめなくてもほぼすべての公卿が参加する儀礼となっていたのである。

一家三后

威子の入内、女御宣下の次は立后である。事を進めたのは、天皇唯一の親権者であり、内裏後宮に住む母后彰子であった。女御宣下から三ヶ月後のことである。

早朝、宮（＝彰子）御方に参る。摂政（＝頼通）又参る。宮仰せられて云く「尚侍（＝威子）后に立つべきの事、早々たるは吉とすべし」者り。余申して云く「宮御座しますに申し侍るを恐む。是を以て未だ此の如きことを申さざる也。」又仰せられて云く「更に然るべき事にあらず。同じ様有るを以て慶びと思すべき也。」

［『御堂関白記』寛仁二年七月二十八日条］

これによると、道長は一家三后となることを恐縮して威子立后を言い出しかねていたという。一条朝、三条朝と異なり、すでに後宮独占が成っている後一条後宮であるから時期を待つ余裕があったのかもしれない。それに対して、彰子から遠慮することは無いから早くすべきであるとの仰せを受け、道長家にとって三度目の立后が決定した。

母后のお墨付きをいただいた威子立后は滞りなく進められ、十月十六日に立后儀が行われた。『御堂関白記』にも『小右記』にも長文の記事があり、人々の動きもかなり詳細に追うことができる。内裏での宣命の儀に引き続き、新后がいる土御門殿にて行われた本宮の儀は言うまでも無く非常に盛大なものであった。その大部分が無事終了し、新后御前のややくつろいだ酒席で道長が詠んだのが「この世をばわが世とぞ思う望月の虧けたることも無しと思えば」という有名な歌である。即興の、技巧的にはそれほど優れたものではない和歌だともいうが、実資の主導により皆で唱和したことが『小右記』に記されている。時に道長に批判的な実資もこの時は嫌味も書いておらず、唱和することで場に一体感が生まれなごやかなうちに宴は終了したのであろう。「一家三后立つは未曾有なり」と実資が記すように、三人の姉妹が同時に后に立ったのは史上この時だけであった。

もちろん道長は大満足であったろうが、実は道長が立后儀以上に激しく感激したのは、この六日後の土御門行幸行啓であった。新皇后威子がいる道長の土御門殿に、まず前夜、皇太后となった故三条中宮妍子が娘禎子内親王を連れて行啓し、当日、後一条天皇が生母太皇太后彰子と同輿で行幸し、さらに遅れて天皇の同母弟である皇太子敦良親王が行啓してきたのである。天皇・皇太子・三后揃い踏みである。三后御対面の場には禎子内親王と后たちの母である正室倫子、末娘の嬉子も集まっていた。道長は「見る者感悦多端なり」「我が心地不覚なりて（原文脱アリ）言語に盡し難し。未曾有の事也」と記している。『小右記』が立后儀を未曾有と表現したのに対して、道長はこの日を未曾有と表現し、『御堂関白記』の文章も立后日の二倍以上長い。単に后を三人出すだけでなく、その后が皇子を生み外孫が皇位継承者になってこそ後宮政策の完成である。そして天皇・皇太子も含め、天皇家と道長家が一体になっていることを象徴するかのようなこの光景こそが道長にとっての到達点だったのであろう。まさに道長の数々の後宮政策が結実した「未曾有の」場面なのであった。

道長死後の後一条後宮

藤原道長がこの世を去ったのはそれからちょうど十年後、万寿四年（一〇二七）十二月四日のことである。いまだ孫である後一条の治世である。では後宮はどうなっていたか。

この時、後一条天皇は二十歳、ただ一人のキサキ中宮威子は二十九歳、前年に第一皇女章子内親王を、長元二年（一〇二九）には第二皇女馨子内親王を出産する。一人目の時は「頗る本意と相違すと雖も、平安を以て悦と為す」（『左経記』万寿三年十二月九日条）と安産を喜ばれているのに対して、二人目の皇女誕生には「女子てへれば宮人の気色太だ以て冷談（淡）なり」（『小右記』長元二年二月二日条）という冷ややかな反応であった。道長は亡く、関白頼通にとっては実の娘がいない以上、まずは同母妹たちに皇子を生んでもらい、外伯父の資格を得るしかないわけで、皇位を継ぐ男子のみが求められていた。ただ後一条後宮は道長の後宮政策により威子独占であったから、皇位継承者が生まれる可能性は下がるばかりである。そこで、道長の死後、その子たちが娘、つまり道長の孫を後一条後宮に入れるよう働きかけたことが『栄花物語』巻三十一に見える。

それによると名前が挙がったのは倫子腹二男教通の長女御匣殿生子や高松殿明子腹長男頼宗の二女延子、さらに頼通正室隆姫の姪で養女の嫄子である。それを聞いた威子が「さる事もあらば（中略）いかでかあらん、籠り居なん」と内裏退出を匂わせて抵抗を示した。それに対して倫子が諫め、頼通も「おのれはさる事はいかでか（私はいたしませんよ）」と威子側にたったという。後一条天皇の本意は違ったようだが「中宮に憚り申させ給」て意思表示をしなかったため、結局、新たなキサキの入内は無くなった。頼通にしてみればこの時点で実の娘はおらず、同母弟教通と正妻の間には三人の娘がいることを警戒して、ここでは亡き父が作った威子一人の後宮を守ることが得策と思ったのであろう。この場面に母后は登場しないが、教通らが強行できなかったということは、彰子は母や妹の気持ちを尊重し他のキサキを入内させることを許容しなかったと考えられる。道長の後継者である頼通を嫡流とすれば、御堂流ではあるが教通の子ら嫡流以外の娘の入内も排除されたのである。御堂流嫡流のキサキ一人に純化した結果、皇位継承者になり得る皇子の数は相対的に低くなることは避けられず、起こり得る最悪のパターンとして後一条天皇には皇子が生まれず、その皇統は断絶したのであった。

言い換えれば、彰子や頼通が最後まで威子の後一条後宮独占状態を支持したということは、後一条流をあきらめ、同母弟の皇太子敦良の（後の）後朱雀流を皇統として選択したということになる。後一条が恐妻家であったとか、威子が嫉妬深かったなどという説は本質ではなく、この時期の権力中枢である天皇・母院彰子・関白頼通の合意の結果として、道長が作り上げた威子一人の後一条後宮のあり方が遵守されたのである。天皇の個人的な希望がたとえ別にあったとしても、為政者としての天皇を含む権力中枢の合意が優先されるのが摂関期の後宮であった[65]。一条はこれに抵抗しつつも皇位継承という点では合意に従い、三条は抵抗し続けたため、三条皇統は皇子がいながら男系皇統としては断絶したのである。

道長が最も誕生を待ち望み、期待をかけ、その後宮も彼の理想通り、娘一人の後宮を守り続けた後一条天皇は、しかし皮肉なことに、そのために自らの血を皇統に残せず、道長の死から九年後、二十九歳で崩御する。その亡骸は彰子の院宣により彰子の上東門邸に運ばれた。ただ一人のキサキ威子は母倫子の鷹司殿に退下し、五ヶ月後、後を追うように崩御したのであった。

敦良皇太子後宮と道長

さて、話を道長生前に戻す。後一条の同母弟敦良のもとには、治安元年（一〇二一）二月に道長と倫子の四女、二歳上の叔母尚侍嬉子が兄頼通養女として入内する。万寿二年（一〇二五）、嬉子は皇子を出産、しかし産褥で亡くなってしまう。新皇子は父方では祖母、母方では伯母にあたる上東門院彰子に養育されることとなる。一条と彰子の皇統を父に、道長と倫子の御堂流嫡流にして現関白頼通養女を母に持ち、彰子に養育されるという、御堂流嫡流色の非常に濃い皇子親仁は後の後冷泉天皇となる。

敦良皇太子には、生涯、五人の后妃がいたが、皇太子時代は兄天皇同様、同時期には一人のキサキしかいない。嬉子を亡くした敦良に、その二年後、次のキサキが入内する。故三条天皇と中宮妍子の娘である禎子内親王で、この時、敦良の四歳下の十五歳であった。

一品禎子内親王東宮に参り給うの事、今月廿三日に一定し了んぬ。禅閤（＝道長）催さるる所なり。又、関白（＝頼通）深く御情入るも、内大臣（＝教通）嘆息の気有り。彼の御母尚侍（＝嬉子）薨後、入宮の事を企てる。而るに忽ち此の事有り。仍て嘆息せらる。［『小右記』万寿四年三月六日条］

教通にはこの時十四歳になる娘生子がいた。実娘がいない頼通が同母弟教通の娘の入内を避けたかったのはわかるが、道長が内孫である生子よりも、孫とは言え父方からいけば天皇家である禎子内親王を選んだのはなぜか。一つは、道長は自身の血を引いていれば誰が皇位継承者を生み、誰が外祖父になっても良かったわけではなく、家の安定のためには嫡長子である頼通の娘が後宮に入ることが第一であり、頼通娘の次善の策は、二男教通の娘ではなかったということである。第二に、禎子内親王を御堂流の一

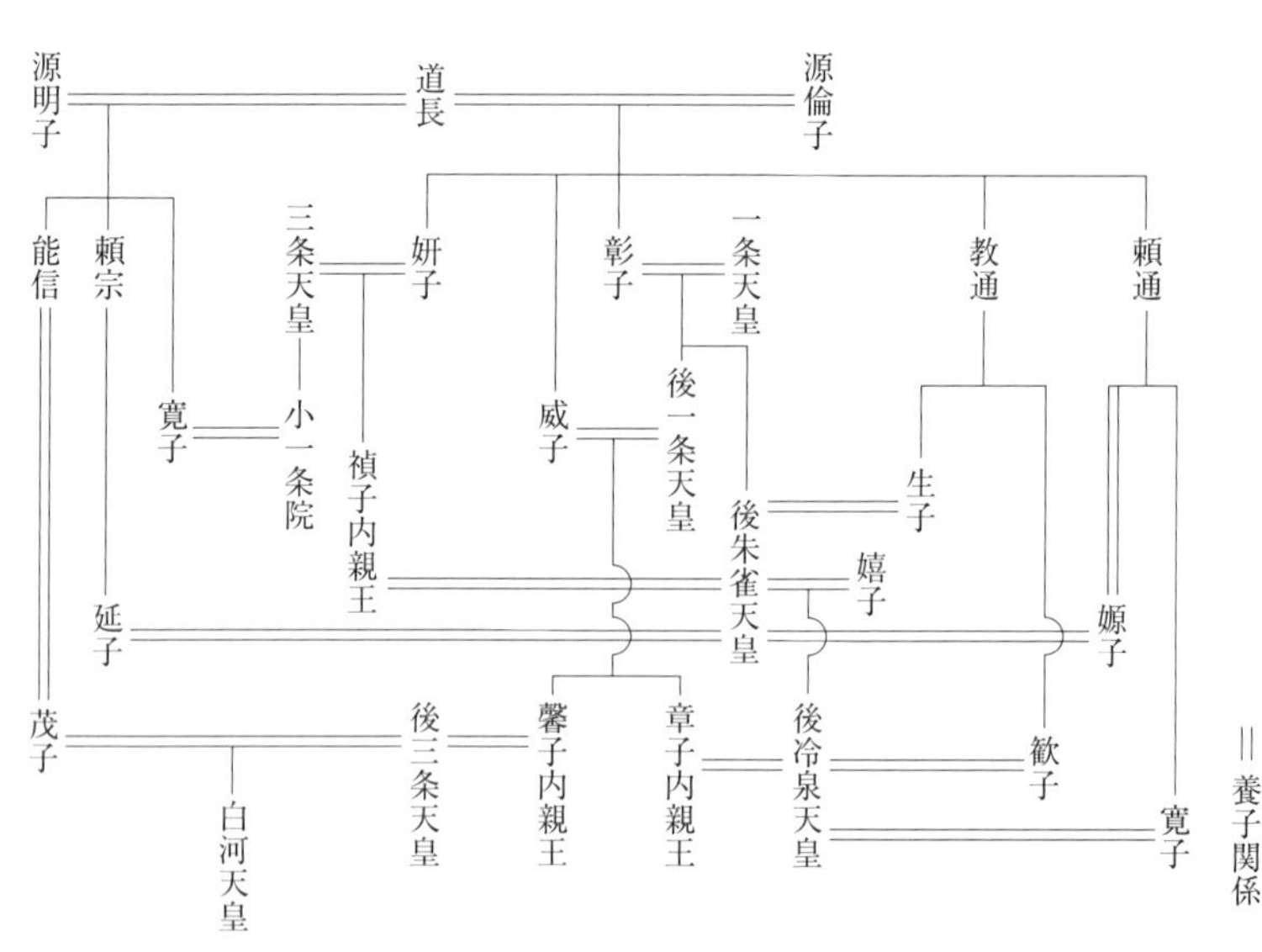

図1－8　道長による後宮政策とその後

員と考えていたということである。禎子誕生時に道長が喜ばなかったという『小右記』の話や（長和二年七月七日条）、後年の御堂流と禎子内親王の不仲が有名であるため見落としがちだが、道長はもし禎子内親王が皇子を生めば天皇位につけるつもりだったのではないか。この入内も嬉子入内同様、頼通に取り仕切らせており、この時は母妍子が病床とは言え健在で要の役割を果たせたため、禎子内親王の子が将来、摂関政治に引導を渡すとは思っていなかったはずである。

この年十二月に道長は薨去する。天皇のただ一人の后妃、娘威子は前年に皇女を生んでいるからまた懐妊する可能性は十分あったし、皇太子には孫の禎子内親王ただ一人が入内している。何よりも既に親仁という曾孫世代の皇位継承者を得ているのであるから、自身の後宮政策の破綻がすぐそこまできているとは全く思わず、その点では安心してこの世を去ることができたのではないだろうか。

後朱雀天皇後宮

本著の主旨である日記から読むという点からすれば、現存日記史料が非常に低調になる後朱雀・後冷泉朝の後宮については言及できる点は少ないが、わずかな日記史料と『栄花物語』の助けも多少借りて、摂関期の後宮の終焉に触れておきたい。

長元九年（一〇三六）四月、敦良が即位する。権力中枢は引き続き外伯父関白頼通と母上東門院彰子と新天皇後朱雀であった。そして後宮においては、翌長暦元年（一〇三七）に方向転換を迎える。ただ一人の后妃による後宮独占が破られて、頼通養女嫄子（敦康親王娘）が入内するのである。すでに禎子内親王に皇子尊仁が生まれていたにもかかわらず、新たな女御を入れ、さらに立后させるのであるから、尊仁の皇位継承権を無視する振舞と言える。禎子内親王側の不快と不安は、皇子を生んでいない後一条朝の威子以上のものであったろう。禎子内親王を皇位継承者の母候補とした道長の遺志に逆らう行為でもあるのに、新后の養父頼通はともかく、最終決定権者である彰子が許した理由は先細る皇統への不安感であろうか。

長暦元年のみが部分的に残存している『平行親記（平記）』に嫄子入内時の天皇初渡御や退出、禎子内親王の立后の記事が残っており、それによれば禎子内親王立后雑事を関白直廬で頼通が行い、また立后本宮儀に頼通が参加しているから、摂関家と禎子内親王の間に決定的な亀裂が入っているとまでは思われない。だが、道長の次妻である高松殿腹の能信が皇后宮大夫となり、本宮儀が同じく高松殿腹の頼宗邸である堀河殿で行われ、しかも同日に頼通養女女御嫄子の内裏退出儀が華やかに行われるという三条朝さながらの状況を見ると、やはり道長嫡流と禎子内親王側の冷ややかな関係が感じられよう。道長の正妻倫子腹の男子と高松殿明子腹の男子の間の亀裂に禎子内親王が巻き込まれてしまった面もあるのかもしれない。

嫄子入内に関して、彰子についてやや情緒的な推測をするならば、その実の父が敦康親王であったことが意味を持ったのかもしれない。一条天皇の子のうち、第一皇子敦康親王と第二皇子後一条天皇は亡くなり、しかも男子を残さなかった。後述するように彰子はこの後、後一条の二人の娘を後朱雀の子である後冷泉と後三条に入内させている。そこには外戚関係を集約する狙いもあったであろうが、自らも関与して断絶してしまった後一条皇統を、後朱雀の皇統と一つにして後世に伝えたいという想いもあったのではないか。同じように、夫一条が皇位を伝えたがっていた敦康の忘れ形見を我が子後朱雀のキサキとし一つの皇統にして後世に伝えることも考えて、嫄子入内という頼通の希望を許したのではないか。ただ、その三組の誰からも皇子は生まれず、結局、一条天皇の第一・第二皇子の血統が皇統につながっていくことは叶わなかった。

その嫄子が皇女を二人を産んだ後、長暦三年に崩御すると、その年の内に内大臣教通の娘生子が、長久三年（一〇四二）に権大納言頼宗の娘延子が入内した。が、結局、誰も皇子は生まず、禎子内親王側との亀裂を深くしただけで終わる。

次の後冷泉後宮においては、皇太子時代の長暦元年、祖母院彰子に育てられた後一条と威子の第一皇女章子内親王が十二歳で入内した。彰子の邸で、頼通が父代わりのように沓取や三日夜餅儀に奉仕している[66]。権力中枢である彰子と頼通が推す唯一のキサキとして入内したと考えられ、十年間、後宮を独占したが懐妊はしなかった。永承二年（一〇四七）になって内大臣教通の三女歓子が入内、さらに同五年には頼通の娘寛子が入内しまもなく立后した。それでも子は生まれず、後冷泉が瀕死の床で歓子を立后させ、章子内親王が皇太后、寛子が中宮となり、一帝三后という形が二日間だけ実現した。そして後冷泉崩御により、後朱雀と、摂関家と疎遠になった禎子内親王の間に生まれた尊仁がついに即位し後三条天皇となる。時代は摂関政治に終わりを告げ、院政へと向かうのである。

なお、即位以前の後三条つまり後冷泉朝の皇太子尊仁の後宮に関しても彰子は十分影響力を行使していた[67]。まず永承元年（一〇四六）、能信養女で妻の姪に当たる茂子が入内するにあたって「先日、執柄（＝頼通）に申すにすでに許すべし。又女院に申すこと、又前に同じ」（『春記』十一月二十二日条）とあり、関白頼通と祖母女院彰子という政権中枢の二人の許可を得る必要があったことがわかる。さらに永承六年（一〇五一）後一条第二皇女馨子内親王の入内は、「上東門院は春宮に斎院（＝馨子内親王）参らせ給てき」（『栄花物語』巻三十六）と彰子の意向であったことがわかる。

道長が志向したのは、他の貴族が皇位継承者の外祖父となり摂関となることがないように、自分の娘や孫以外のキサキの存在を後宮からなくすことであった。当初は内裏に入ることを阻害して、やがては最初から入内させないようにして、後宮を独占したのである。自身の運の良さに任せるのではなく、そもそも自分の血を引かない皇子が生まれる余地をなくしてしまうという排他的な後宮は、かなりの成果をあげたといえる。しかしキサキ数を減らした後宮は皇位継承者を再生産する場としてはあまりにも脆弱であり、論理的帰結として皇子がほとんど生まれないという事態となり、血の論理に頼った摂関政治は終結してしまった。

だがもしも、道長が決定したように禎子内親王を後朱雀唯一のキサキとして頼通らが尊重し続けていたら、実は、禎子内親王が生み、院政に先鞭をつける後三条天皇こそが、藤原氏の掌中の珠となった可能性も否定できない。道長の後宮政策は、実はもっと長く保たれたのかもしれなかったのである。

おわりに

ここまで、摂関政治の基礎を築いた母后穏子、摂関忠平の時代から、母后詮子、摂関兼家の時代を経て、最盛期の道長と母后彰子をはじめとする娘たちの時代を、后妃と後宮を中心に見てきた。このように摂関政治が円滑に動いた時には、天皇と摂関、その間を血の論理で結びつける母后の存在があった。その背後に、まずは天皇のキサキについての後宮政策が必須であったことは言うまでもない。その意味における成功者が忠平であり、師輔であり、兼家であり、彼らの登場と共に摂関政治は深化し、いわゆる摂関家がより大きな権力を握っていった。その流れの中で、自分の子孫しかいない排他的な後宮にすることによって半永久的に続く成功を追及した道長の後宮政策は、それでも結局のところ偶然に左右される血縁関係によっているため、いつか破綻の時が来るのは避けようが無いものだったであろう。しかし一方で確かに安定した権力中枢と皇位継承を背景に、摂関政治全盛期として花開いたこともまた事実である。そしてその摂関政治全盛期はもちろん、後宮によってのみ成り立ったわけではなく、合議制から成る堅実な政治プロセスによって律令国家から中世国家への舵取りを進めていったからこそ、もたらされたものでもあった。そこで、次章では、摂関政治のもう一つの顔である儀式や政務手続きを中心に、天皇や男性貴族の目線から摂関政治を見ていくこととする。

第二章　天皇・貴族から見た摂関政治

古瀬奈津子

はじめに

第一章では、中宮藤原穏子と摂関忠平以後の摂関政治の本格的展開について、「後宮」という視点から、『貞信公記』『九暦』などの日記を史料として用いて描いた。本章では、天皇や摂関自身、貴族の目から見た摂関政治がどのようなものだったのかについて、主に藤原道長と同時代の貴族の日記を史料として検討していくことにしたい。見る人の立場によってそれは異なるものだったと考えられる。そこで、天皇・摂関・貴族の代表として、一条天皇・藤原道長・藤原実資を取り上げて、それぞれの人がどのように摂関政治と関わっていたのかを、『御堂関白記』『小右記』というそれぞれの人自身の日記や『権記』『左経記』『春記』など周囲の人々の日記から読み解いていきたい。日記だからこそわかる摂関政治の諸相というものもあるだろう。それでは、まずは摂関期の天皇として一条天皇から始めよう。

第一節　摂関期の天皇・『権記』からみた一条天皇

（1）一条天皇の生涯

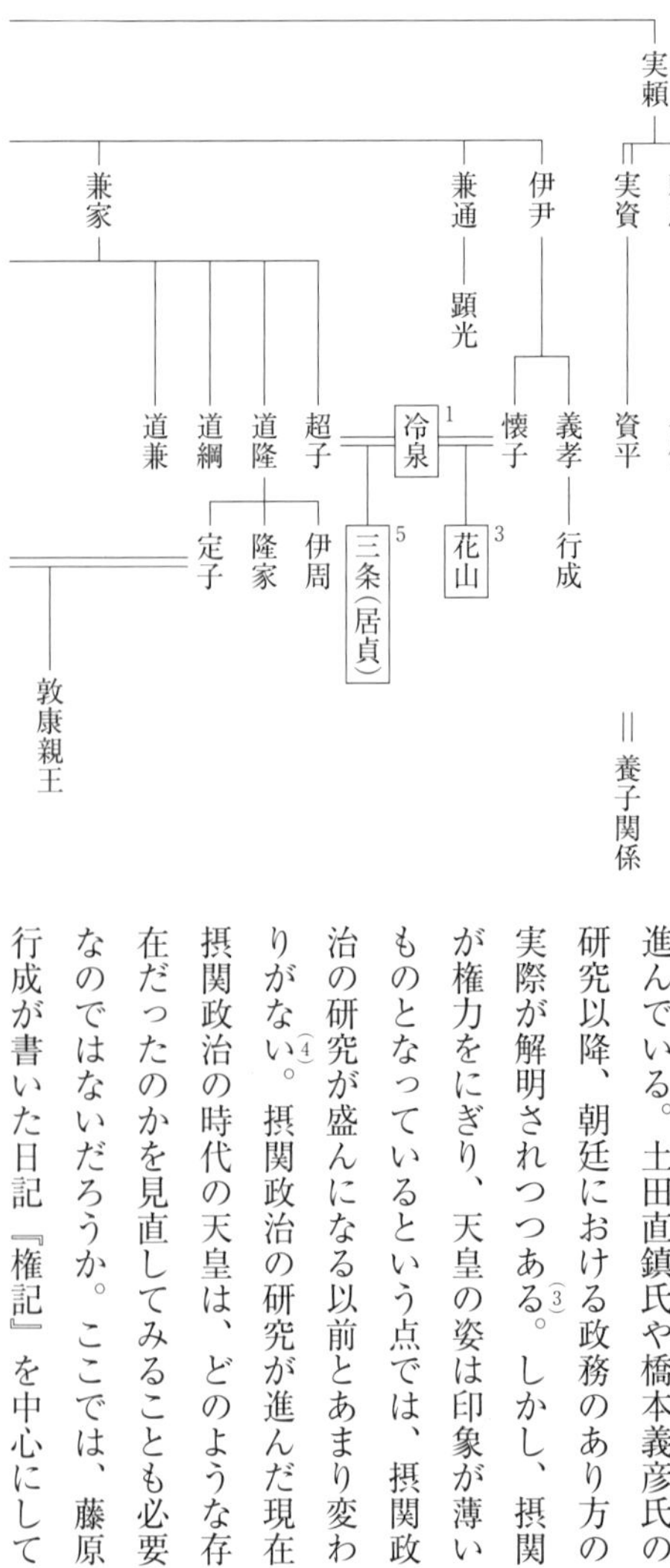

摂関政治に関する研究は、近年急速に進んでいる。土田直鎮氏[1]や橋本義彦氏[2]の研究以降、朝廷における政務のあり方の実際が解明されつつある[3]。しかし、摂関が権力をにぎり、天皇の姿は印象が薄いものとなっているという点では、摂関政治の研究が盛んになる以前とあまり変わりがない[4]。摂関政治の研究が進んだ現在、摂関政治の時代の天皇は、どのような存在だったのかを見直してみることも必要なのではないだろうか。ここでは、藤原行成が書いた日記『権記』を中心にして、

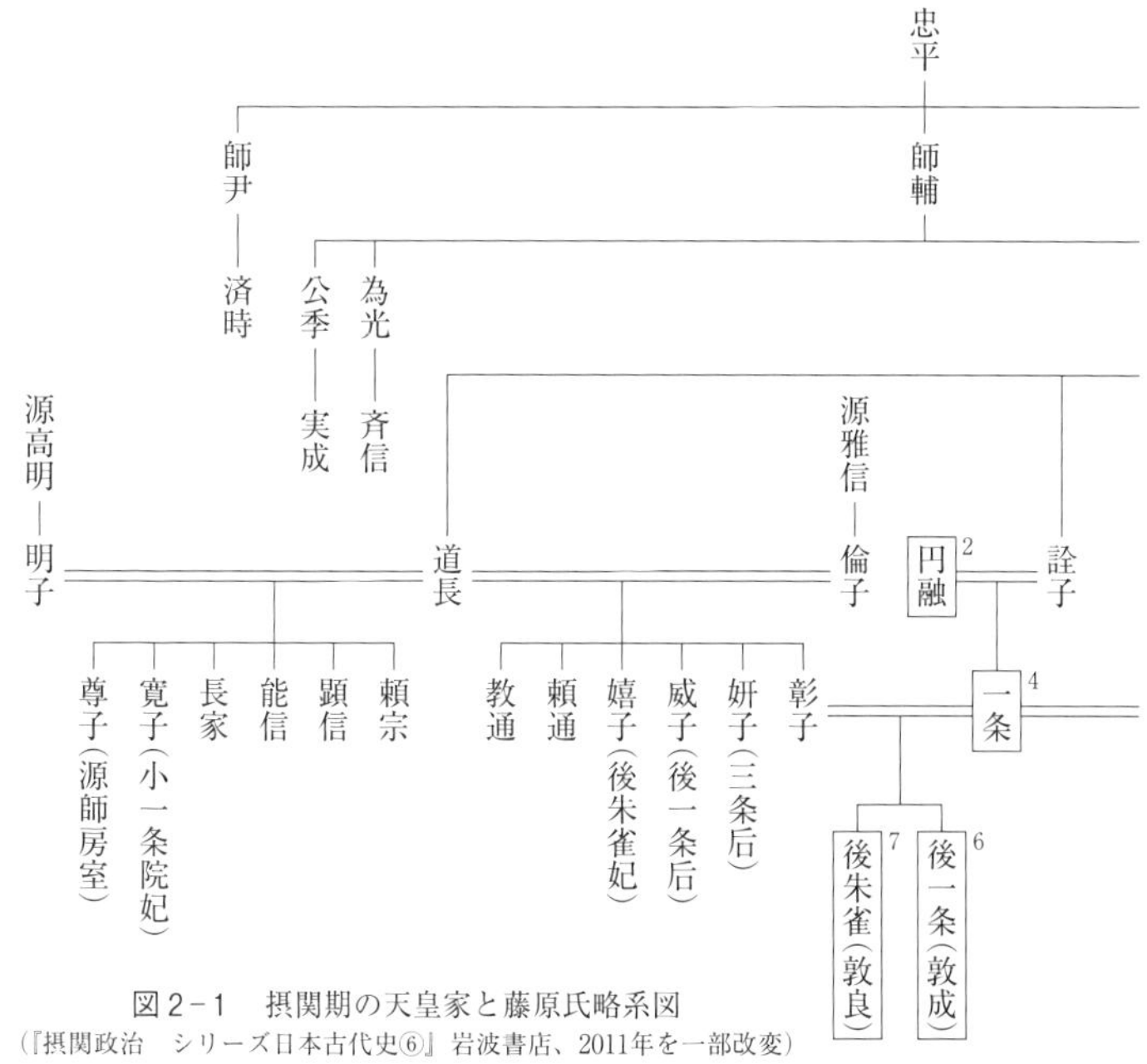

図2－1　摂関期の天皇家と藤原氏略系図
（『摂関政治　シリーズ日本古代史⑥』岩波書店、2011年を一部改変）

藤原道長が活躍した時代の天皇である一条天皇についてみていきたい。

まず、一条天皇の一生を概観しておこう[5]。一条天皇は、天元三年（九八〇）六月一日、円融天皇と女御である右大臣藤原兼家の娘詮子の皇子として誕生した。円融天皇にとっては唯一の子どもであった。永観二年（九八四）八月二十七日、円融天皇が花山天皇へ譲位した際、皇太子に立てられ、寛和二年（九八六）六月二十三日、花山天皇が出家したため、践祚した。七歳と幼帝であったことにより、祖父兼家が摂政となり、母皇太后詮子が内裏で天皇と同居して幼い一条天皇を後見した。なお、皇太子には一条天皇の従兄弟にあたる冷泉天皇皇子である年上の居貞親王が立てられた。居貞親王の母も兼家娘である女御超子であったが、すでに死去していた。

正暦元年（九九〇）に一条天皇は十一才で元服し、兼家長男の道隆の娘である藤原定子が入内し女御となった。この定子に仕えた女房に清少納言がいて定子を称賛する『枕草子』を書くことになる。父兼家から受け継ぎ関白となった道隆は改めて摂政となるが、兼家は薨去してしまう。一方、定子は中宮となった。道隆以降、天皇が元服した後も、まだ年齢が幼いため（十代前半）、関白にはならず摂政のままでいることが通例となる。

正暦二年（九九一）には譲位した円融法皇が崩御し、皇太后詮子は落飾し、初めての女院である東三条院となった。このように、一条天皇は即位当初、摂関政治の時代とは言え、譲位した父の円融上皇がまだ生きており、政治に対しても一定程度意向を有していた点が特徴である[6]。

正暦四年（九九三）には道隆を関白となし、一条天皇は自ら政治に臨むようになる。この年、初めて官奏を覧たり、初度の御前除目を行っている。

ところが、長徳元年（九九五）関白道隆は病気となり、その間息子の伊周に文書を内覧させることになった。しかし、道隆は糖尿病がもとで薨去してしまう。道隆の後は弟の道兼を関白とするが、流行していた疫病で薨去する。その後については、東三条院の推薦もあり弟の道長に内覧宣旨が下った。道長は右大臣となった。

この件に不満を持っていた故道隆の息子伊周・隆家は、長徳二年（九九六）藤原為光邸において花山院を射て従者と闘乱事件を起こす。一方で東三条院詮子が呪詛される事件も起きた。その結果、犯人で

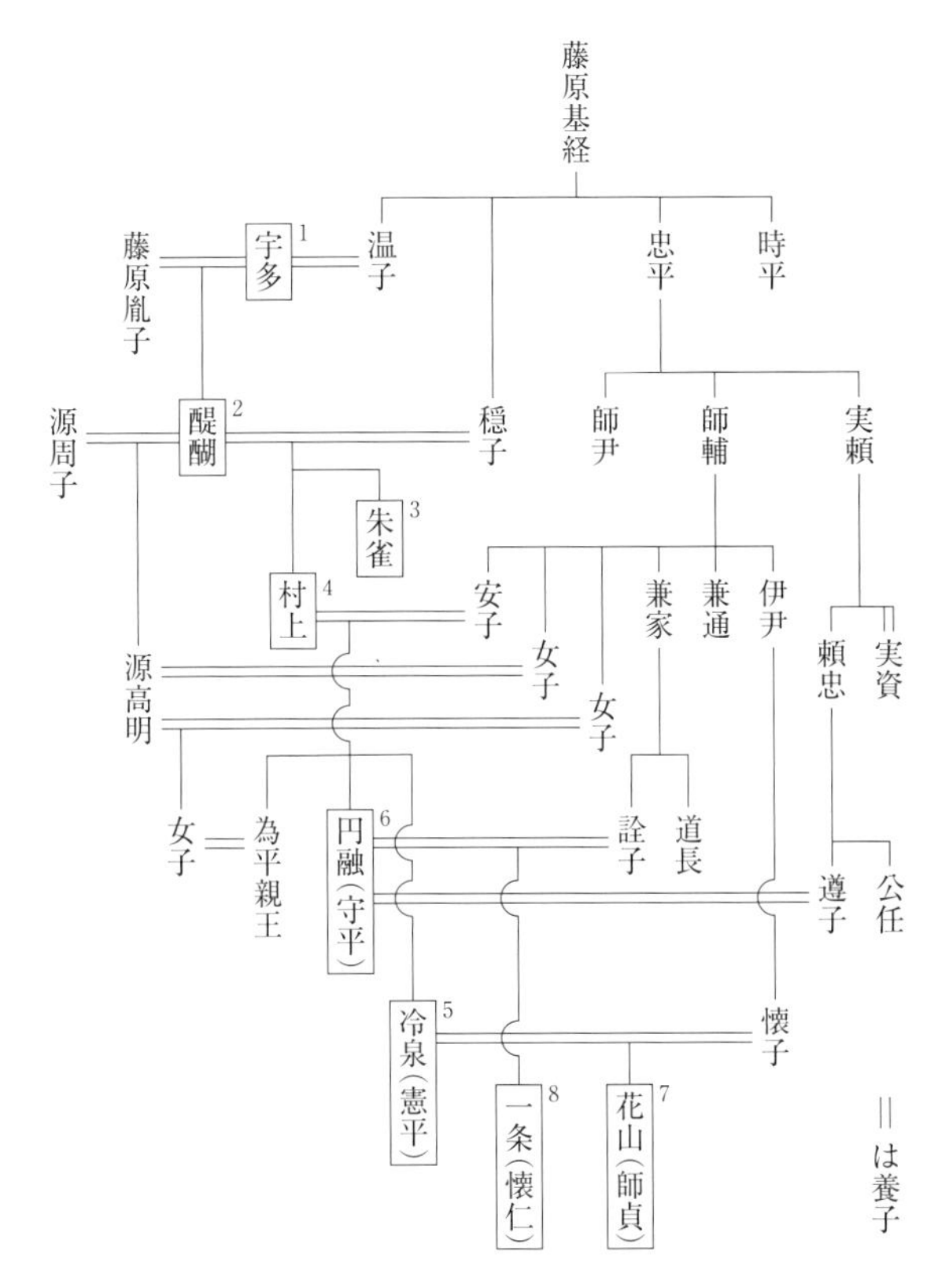

図２－２　天皇家と藤原氏略系図
（『摂関政治　シリーズ日本古代史⑥』岩波書店、2011年）

ある伊周は大宰権帥、隆家は出雲権守に左遷された。これが長徳の変である。この事件によって、中宮定子は落飾した。一方、道長は左大臣となり、太政官の頂点に就いた。ただし、道長自身が兄弟の中で末弟であったため、娘彰子はまだ幼く天皇のもとに入内させることができなかった。そのような状態であったため、第一章でも触れたが、藤原公季娘義子が入内し女御となり、藤原顕光娘元子も入内して女御となっている。そして、この年の暮れに、落飾した中宮定子が一条天皇の初めての子どもである皇女脩子を生んだ。

伊周・隆家は、翌年長徳三年（九九七）には都に召喚されている。長徳四年（九九八）には故道兼娘尊子が入内し後に女御となった[7]。

そして長保元年（九九九）に里内裏である一条院に遷御し、新制十一箇条を下した後、いよいよ道長娘彰子が十二歳で裳着を行い、入内して女御となった。彰子に仕えたのが『源氏物語』を書いた紫式部である。このように一条朝は男女の有能な臣下に恵まれていたため、かえって天皇の存在の印象が薄れてしまうのかもしれない。一方、中宮定子はこの年、初めての皇子である敦康を産んだ。

このように女御彰子の権力が安定しない状況にあったため、長保二年（一〇〇〇）には中宮定子を皇后、女御彰子を中宮とする一天皇二后制度が実施された。このような手段を用いてまで彰子を中宮としたが、年末に皇后定子は皇女媄子を生んで崩御してしまった。

その後も中宮彰子はまだ幼かったこともあり、なかなか子どもに恵まれなかった。寛弘四年（一〇〇七）に道長が金峯山詣を行い、山上に経筒を埋納したのも、皇子誕生祈願がその理由のひとつであったと言われている。[8] その成果が現れたのか、翌寛弘五年（一〇〇八）に中宮彰子は父道長の土御門第において敦成親王を生んだ（後の後一条天皇）。一条天皇は土御門第に行幸して彰子の皇子誕生を嘉した。そして翌寛弘六年（一〇〇九）に中宮彰子は、土御門第において続けて敦良親王（のちの後朱雀天皇）を生んだ。こうして、道長の権力の基盤が固まったと言える。

寛弘七年（一〇一〇）には中宮彰子の妹である尚侍妍子が、東宮居貞親王の妃となった。ところが、寛弘八年（一〇一一）に、一条天皇は病気となり、道長が譲位を発議し、それを受け入れた一条天皇は皇太子居貞親王と対面し譲位した。居貞親王は三条天皇として践祚した。皇太子には一条天皇の皇子敦成親王（母は中宮彰子）が立てられて、道長は将来的に摂政の地位を約束されたと言える。その後、一条上皇は出家して三十二才で没した。遺骸は荼毘に付され、遺骨は円成寺納骨所に安置され、三年後に円融天皇陵近辺に移されることが定められた。

長和元年（一〇一二）には一条天皇遺領および遺物の処分が行われ、一条天皇周忌法会は円教寺で修された。しかし、遺骨が円成寺から円融寺北方に遷されたのは、寛仁四年（一〇二〇）になってからであった。[9]

（2）一条天皇元服前の政治

それでは、つぎに一条天皇の元服前において政治がどのように行われていたのかを見ておきたい。この時期については、今正秀氏の研究があるのでそれによって見ていこう。[10]

一条天皇の元服前においては、寛和二年（九八六）六月の践祚以来、外祖父の兼家が摂政を務めていたが、正暦元年（九九〇）正月に一条天皇が元服すると、兼家は関白となった。しかし、同年五月には関白を長男道隆に譲り、七月には兼家は没した。この後、道隆はもう一度摂政となり、正暦四年四月に改めて関白となった。一条天皇の場合元服しても十一才であり、まだ政治を視るためには幼いということで、十四才になって道隆は改めて関白になった。一条天皇以降、元服しても十五歳未満の場合には准摂政が置かれるようになる(11)。

一方、一条天皇の元服までの時期には、父の円融上皇も存命で、正暦二年（九九一）に没している。また、母の皇太后藤原詮子も存命で、円融上皇の没後に落飾し、東三条院の院号を奉呈されて初の女院となった。

さて、このような一条天皇の元服前の時期において、日常政務の決裁は摂政兼家が行っていたことがわかっている。摂政が天皇大権の代行を行うことになっていたからである。また、兼家は、叙位・除目を摂政直廬において行った。たとえば、永延二年（九八八）二月二十八日に行われた除目において、藤原誠信が参議に任命された。この件について、誠信より労も位階も上の藤原実資はその日記である『小右記』において、「以無二道理一」とか「朝儀已軽、天下以目」というように不満を述べている。『小右記』によると、除目以前に誠信の父である右大臣為光が摂政兼家第に押しかけて懇望したため、兼家が許容したのだとある。このように、人事についても摂政兼家に決定権があった(12)。

また、儀式の運営においても兼家が指示を与えていたことがわかる。同じ年の永延二年正月一日の元日節会において、事由を申さず退出した公卿を見参から除いたり、同年閏五月二十七日に璽筥の怪への対応を指示したりしている。十一月十九日には、賀茂臨時祭延引と親王薨奏の日を決定した⒀。

さらに、公卿定の定文も摂政兼家に奏上されているのである⒁。

なお、幼帝は何もしなくてもよいわけではなく、幼帝でも出席しなければならない儀式もあった。正月七日白馬節会や読書始、賭弓、石清水臨時祭の試楽には幼帝の一条天皇も臨御しており、そのような際には、摂政兼家が天皇の「御後に候じて」天皇を扶助していた⒂。

以上のように、日常政務、叙位・除目、儀式などすべてを取り仕切っていたのは摂政兼家であった。存命中の父院円融や母后詮子が関与した形跡はない。

それでは、父円融上皇はどのような立場だったのだろうか。円融上皇は譲位とともに内裏を出ており、子どもである一条天皇と居を共にしてはいない。これは、嵯峨上皇以来の伝統であり、上皇は内裏を出ることによって政治からの引退を表明するのである。そのことが最もわかりやすい形で現れたのが、宇多上皇が菅原道真の左遷を知って内裏に駆け付けた際に、内裏の中に入れてもらえなかった例が挙げられる⒃。

ただし、上皇が政治に対して全く関与しないかというと、そういうわけではない。円融上皇の場合、人事に対して自らの意向を示したことがたびたび見える。たとえば、『小右記』永祚元年（九八九）正月二十五日条によると、円融院からのお召しで参入した藤原実資に対して（実資は円融院別当）、大学助有家が式部への任官を望んだ申文と左衛門志多米国定が外記への任官を望んだ申文を下し、摂政兼家のもとに遣わした。摂政兼家は、両人のことは諸卿の僉議に廻すことを円融院に奏上した。正月二十八日に除目のため参内した実資に円融院からお召しがあり参上したところ、改めて式部と外記への任官について仰せ事があった。円融院の意向の強さが窺われる。実資が内裏に戻り、その後除目が始まった。残念ながら除目の場における様相はわからないのだが、結局今回の除目で多米国定は外記には補任されず、翌年正暦元年正月に補任されていることが他の史料から明らかになる。

このように、上皇は意向を示すことはできるが、人事は除目において諸卿の僉議によって決められており、それを最終的に決定しているのは天皇大権を代行している摂政兼家であったと言える[17]。ただし、身分としては、摂政兼家は上皇に対して臣下であったことが指摘できる。

それでは、一条の母詮子はどのような立場にあったのだろうか。母后詮子は、東三条院の院号宣下以前についてはあまり政治的動きは見えない。その間は父円融上皇とは異なり、母后詮子は内裏で一条天皇と同居しており（一条の場合短期間ではあるが）、天皇の行幸に際しては同輿することが常態化していた[18]。つまり、母后詮子は、天皇に直接的かつ日常的な奉仕をしており、天皇および次期天皇と摂関を結ぶ紐帯としての働きをしていたと言える。

このように摂関期においては、天皇は母后と同居し、父上皇とは別居していたのであり、父上皇と母后は同居していなかった。父上皇と母后は同居していなかったが、ともに子どもである天皇の無事を祈る姿が確認できる。『小右記』永祚元年（九八九）五月二十六日条によると、実資が円融法皇の使いとして石清水社に参り、公家（天皇）息災の祭文を読んだ。翌日五月二十七日に報告に訪れた実資に円融法皇は「無二殊障一四季可レ参二八幡・賀茂一」と特に障りが無ければ、四季ごとに石清水社と賀茂社に参れと命じ、皇太后詮子にもこの旨を申し上げるようにと仰せた。そして、十月十三日には実際に実資は法皇使として石清水に参り、同時に皇太后詮子も錦御幣を一条天皇のために実資に託したのだった[19]。

母后詮子の政治的動向として挙げられるのは、永祚元年（九八九）十二月二十日に、摂政兼家を、天皇元服の際に加冠を務めることができるように（天皇元服の加冠は摂政太政大臣）、「母后命」によって、太政大臣に任命したことである。もっとも、『小右記』寛仁元年（一〇一七）十一月二十一日条には、「雖レ奉レ寄二事於母后命一、只吾御心也」とあって、「母后命」によると言っても本当は兼家自身の「御心」だと言っている[20]。

ただ、摂政兼家を太政大臣に任命するに際して「母后命」が必要だったことは、摂政に関する事項については、摂政の判断では決定できず、母后の令旨が必要だったことを明らかにしている。一方、政治的一般事項については前述したように、摂政兼家が決定していた。その後、このような兼家の摂政としての役割は、摂政道隆に継承されたと考えられる。

すなわち、以上述べてきたように、一条天皇の元服以前には政治一般は摂政兼家が天皇大権の代行を行っていたことが明らかとなった。摂政関白については、摂政は天皇が幼時の時元服まで置かれ、天皇大権を代行すると解釈できる。それに対して関白は天皇が元服後に置かれ、天皇側に立って天皇を補佐する官職である。天皇と太政官の間に立ち、天皇へ奏上する文書を取捨選択したり、天皇が下す文書を留めたりするなどすべてを把握することができるのである。

（3）一条天皇元服後の政務

正暦元年（九九〇）正月、一条天皇は元服した。二月には、兼家の長男である道隆の娘藤原定子が入内し女御となった。五月には、兼家が関白となり、その後兼家の長男である道隆が関白とされた。さらにその後、道隆は改めて摂政とされた。七月には、兼家は薨去してしまう。八月には女御定子が中宮となった。

正暦二年（九九一）円融法皇は崩御し、皇太后詮子は落飾して初めての女院東三条院となった。正暦四年（九九三）正月に、最後の朝賀の儀式が行われ、小朝拝も行われた。四月に、道隆は関白となり、一条天皇の政務が本格的に始まり、天皇は初めて官奏を覧ている。七月には、道隆が関白となってから初めての御前除目が一条天皇御前で行われた。なお、後一条天皇以降は、天皇が元服しても十五歳未満の場合、准摂政が置かれるようになる[21]。

長徳元年（九九五）関白道隆が病気の間、息子の伊周に文書を内覧させることになった。しかし、その後道隆は薨去してしまう。糖尿病が原因と言われている。関白の地位は弟の道兼に受け継がれた。ところがこの年は疫病が流行しており、間もなく道兼は疫病で亡くなった。そしてさらに弟の道長に内覧の宣旨が下され、大納言から右大臣に任じられた。伊周ではなく、道長に内覧の宣旨が下されたのは、一条天皇の母である東三条院詮子が甥の伊周ではなくて弟の道長を推薦したことが大きかったとも言われている。この後、道長は東三条院に大変丁重に奉仕している[22]。

翌年長徳二年（九九六）道長が内覧になったことに反感を抱いていた伊周と弟の隆家は、藤原為光邸において花山法皇に矢を放ち、花山法皇の従者と乱闘事件を起こしてしまう。一方で東三条院詮子が呪詛されるという事件も起きた。これらの事件の首謀者として、伊周は大宰権帥に、隆家は出雲権守に左遷された。悲しんだ中宮定子は落飾してしまう。一方、道長は左大臣となり太政官の頂点に立ち、朝廷一の権力者の地位を確かなものとした。この後、藤原道長は一条朝だけではなく、つぎの三条朝においても内覧で左大臣という地位を保持することになる。

ただし、道長は兄弟の中でもっとも若かったため、娘彰子がまだ幼く入内させることができなかった。その間隙をついて、内大臣藤原公季の娘義子が入内し女御となった。また、右大臣藤原顕光の娘元子も入内して女御となった。さらに、落飾したものの一条天皇からの愛情が絶えない中宮定子が一条天皇の初めての子どもである皇女脩子を生んだ。このように、道長の朝廷における地位は確かなものとなったが、後宮政策では遅れを取っていたと言える。

ついで、元服後の一条天皇の政治姿勢を蔵人頭であった藤原行成『権記』を中心にみていくことにしよう[23]。藤原行成は、長徳元年（九九五）八月、蔵人頭に補任された。行成の本官は弁官で、長徳二年に左中弁となり、長徳四年には右大弁となった。そして、長保三年（一〇〇一）八月に、蔵人頭から参議に補任される。行成の特徴は、参議に任命された後も、十月には兼侍従となり、天皇側近に伺候していたことである。

さて、『権記』によって一条天皇の動向を見ていこう。『権記』によると、行成が蔵人頭であった間、行成は一条天皇の命により、たびたび『醍醐天皇御記』と『村上天皇御記』を引勘している。たとえば、長徳四年（九九八）三月五日、左大臣藤原道長は病気により第二度の辞表を天皇へ奉じたが、それに対して一条天皇が勅答を下す際に、天皇が文書に日づけを書くかどうか（御画日）を行成に御記を調べさせている。その結果、「天徳四年十二月廿九日勅書、令二内記便画日一、康保三年三月二日勅答、非二御画日一之由、見二件年々御日記一」とあるように、天徳四年（九六〇）十月二十九日の勅書の場合は、内記に日を書かせたこと、康保三年（九六六）三月二日の勅答の場合には天皇自身が日を書くことはなかったことが『村上天皇御記』に見えたことに基づき、一条天皇は御画日を行わなかったのである。

また、長徳四年（九九八）三月二十八日には、「仰云、今日可レ有二御論義一例也。而神祇官齋院火災、非常之事也。如レ此之間、為二之如何一。抑可レ検二御記一」とあって、一条天皇は、「今日は御論義（季御読経か）があるべきだが、神祇官斎院に火災があり非常の事態である。このような時にはどうしたらよいかを、御記で調べよ」と命じた。そこで、行成は、御記を納めてある御厨子の鎰を給わり開き、「延喜御記抄」（醍醐天皇御記抄。「巻数が多いので本御記ではなく部類抄を見た」とある）を見たところ、御論義について注のある年とない年があった。『村上天皇御記』では、諒闇の年と康保四年（九六七）だけ御論義なし（凶事があった）とあった。その旨を天皇へ奏上したところ、左大臣道長家に赴いて尋ねてみよ、との命があった。行成が、道長家に赴き尋ねたところ、「御論義がない例は穏やかではない事であるので、やはり行われるべきである」（無二御論義一之例非レ穏事。猶可レ被レ行）という左大臣道長からの奉答があり、結局、御論義を行うことになったことが見える。

長徳四年（九九八）七月二日には、一条天皇から疫厲があった時に行うべき雑事を御記から引勘せよとの命令があり、行成は、延喜十五年（九一五）と天徳四年（九六〇）の「二代御記」（醍醐天皇御記と村上天皇御記）を天皇へ奏覧している。ただし、「延喜・天暦御記欠巻甚多。必尋二在所一可レ被二書写一事」と見え、「醍醐天皇御記と村上天皇御記には欠巻が多いので、必ず在所を尋ねて書写するべき事」と注記している。

なお、長徳四年（九九八）十月三十日には、内大臣藤原公季が天台座主任命の宣命の草は奏上する必要はないと言ったことについて、行成は例の宣命ではないので草も奏上すべきであると考え、帰宅後調べてみると、『村上天皇御記』「康保三年秋記」には草を奏上し、（村上）天皇が案に依れと命じたとあることを発見し、「自分の言ったことと合致している。愚者（自分）が一つ勝ったか」（所レ申相合、愚者一得歟）と記している。このように、行成自身も『村上天皇御記』の写本を所有していたことがわかる。

長保元年（九九九）十月二十一日には、秋季御読経の結願において御前堂童子が不足し、天皇に奏上して四位を役仕することになった。これは、「然らば、醍醐天皇の延喜の時代には、五位がいない場合は四位を用いるべきであると醍醐天皇御記に見える」（然而延喜御時、無二五位一之時、可レ用二四位一之由、見二御記一）からであった。

長保二年（一〇〇〇）七月十三日には、盂蘭盆の日が天皇の物忌みに当たる時の先例を調べよと命じられたのに対して、行成は『村上天皇御記』応和三年（九六三）七月十五日条を奏上し、天皇は御拝を停め、内蔵寮から盆供を寺家に直接送ることになった。この日は一条天皇から行成に『村上天皇御記』「応和元年秋冬御記」が下され、新造内裏への遷御に関する雑事を抄出せよと命じている。

また、長保二年（一〇〇〇）十二月十六日に皇后定子が皇女媄子を生んで亡くなると、『権記』十二月十七日条では、皇后定子崩御後の雑事を行おうとするが、上卿のなり手がいなくて困っている様子が見える。そこに、左大臣道長が参内してきて、この間の日記を召したので、行成は中宮藤原安子（村上天皇の中宮）の亡くなった年である『村上天皇御記』「康保元年御記抄一巻」を奉じ、崩御後の雑事を行うことができた。

以上のように、元服後の一条天皇は政務に対して大変熱心であり、政治を内覧で左大臣の道長に任せるわけではなく、自ら積極的に行おうとしていたことがわかる。その際、参考にしたのが、延喜・天暦の治と称された醍醐天皇・村上天皇の日記であったことは大変興味深い。天皇の日記で残されている最古のものは宇多天皇のものであるが、醍醐・村上朝は天皇親政の時代であり、後世から延喜・天暦の治＝聖代と讃えられた時代であって、同じく天皇親政を理想としたであろう一条天皇が参考とするのに相応しい日記であった。また、『醍醐天皇御記』『村上天皇御記』には、比較的天皇自身の行動に関わる記述が多いこともたびたび引勘させた理由だろう。

さらに注目したいことは、『醍醐天皇御記』『村上天皇御記』以外にも、『権記』で参考にされた日記・儀式書としては、『外記日記』・『九条殿記』（藤原師輔）・『吏部王記』（重明親王）・『西宮記』（源高明）などがあげられ、やはり両御記と同じ時期に書かれた日記や儀式書が多いことである。天皇や貴族が日記を書くようになり、それがある程度集積したのが醍醐・村上朝であり、それを政務や儀式の参考とするようになったのが、行成や道長の活躍した十世紀末から十一世紀前半のいわゆる摂関期だと言えるのではないだろうか。つまり、日記や儀式書の利用は、同時代のものより一時代前のものが参照されるということではないだろうか。

なお、日記御厨子は、清涼殿の昼御座にある大床子の座の南に置かれていたと考えられ（『禁秘抄』）、『醍醐天皇御記』と『村上天皇御記』が納められており、『権記』長徳四年三月二十八日条によると鎰がかけられていた。同じく同日条によると「巻数が多いので本御記ではなく部類抄を見た」とあるところから、本記だけではなくて「延喜御記抄」（醍醐天皇御記抄）のような部類抄もあったことがわかる。

また、持ち出しなどにより欠巻が多く、寛弘六年（一〇〇九）十月四日には一条院内裏の火災により、「二代御記焼亡皆云々」とあるように火災で焼けてしまったこともあった。その際は、行成が寛弘七年（一〇一〇）閏二月八日には「康保三年秋御記」、閏二月十六日には「康保三年夏御記」、三月一日には「康保二年春御記」、三月二日には「康保二年夏御記」を書き出して天皇に献上した。また、五月二十五日には先日下給され書写した「天暦八年御記二巻」「康保二年冬一巻」「後撰集八巻」「御手本四巻」を献上している。さらに、六月十九日には先日一条天皇から給わった続色紙六巻に「楽府二巻」「坤元録詩二巻」「詩合一巻」「其日記一巻」「後撰集五巻」「村上御記天徳四年夏巻」を書いて奏上した。名筆の誉れ高い行成は多くの人から書を求められたが、「二代御記」の補填にも尽力したのだった[24]。

以上みてきたように、元服後の一条天皇は政務や儀式に能動的に取り組んでいたと言えよう。政務のシステムが天皇を頂点とした定や政から構成されており、儀式も天皇を頂点として多層的な構造になっていたわけであるから当然とも言えようが、摂関期の天皇は決して形式的な存在ではなかった。それぞれの天皇によって異なるけれど、一条天皇の場合は、醍醐天皇や村上天皇にならって天皇親政を行おうとする姿勢が強かったと指摘できる。一条天皇と言うと、中宮定子と女房清少納言、中宮彰子と女房紫式部ばかりが注目されがちであるが、予想以上に政治的存在であったと言える。

（4）一条天皇と藤原道長

それでは、この時期に権力を掌握していた藤原道長と一条天皇との関係はどのようなものであったのだろうか。一般に一条朝から後冷泉朝くらいが摂関政治の最盛期と捉えられていると思われる。そのような時期において天皇は摂関（正確には道長は摂関ではない）とどのような関係にあったのだろうか。

土田直鎮氏[25]以来、道長と一条天皇は信頼関係によって結ばれており、道長と三条天皇のときとは異なり、うまくいっていたと考えられてきた。しかし、倉本一宏氏は、一条天皇は全体としては道長と協調関係を築いたが、皇位継承については自らの皇統を存続させることを優先させたとし、父道隆没後の強力な後見がいなくなった後も定子への寵愛が継続したことなどにおいて、一条天皇と道長との間に確執があったことを指摘している[26]。その他の面ではどのような関係だったのだろうか。

ここでは、除目からみた一条天皇と道長の関係について考えていきたい[27]。除目は諸司諸国の官人を任命する儀式で、天皇御前において（摂政の場合は、摂政の直廬で行われる）、京官や外官（地方官）などの官職の任命を審議し、天皇もしくは摂政の許可を得て決定する人事の会議である。大規模なものは春と秋に行われ、上卿に当たる役を執筆といい原則として一の上（第一の大臣）が務めた。

一条朝の初めは摂政兼家が除目・叙位の人事を把握していたことが日記などの史料からわかる。その後は、摂政道隆が把握していたと考えられるが、一条天皇が元服して政務を行うようになり、長徳・寛弘年間になると、一条天皇から内覧で左大臣の道長に対して除目や叙位の議に出席するように依頼がたびたびあったことが史料に見える。

たとえば、長徳の変の後道長の権力が確実なものになり、道長の娘彰子がいよいよ入内する年である長保二年（一〇〇〇）八月二十五日の『権記』を見てみよう。蔵人頭行成が一条天皇御前に参上すると、天皇は「除目を月内に行わないならば延引すべきである。早く日を撰んで行うようにと左大臣道長に仰せよ」と命じた。そこで行成が左大臣宅を訪れ天皇の命令を伝えると、道長が言うには「除目の事は、私は重病後で身体が普通ではなく、通常の出入も穏便にはできません。況んや然るべき役（執筆のこと）を奉仕することは難しいです。この度は次の人へ仰せになるべきです」ということである。即ち行成は還って参内し、大臣（道長）の申した旨を天皇へ奏上した。一条天皇は「除目の事を右大臣（藤原顕光）へ仰せよ」と命じた。行成は、「任官の事は国家の重大事なので一の上が行うことが古今の定例である。しかし、今回はこのような障りを申したので、右大臣に命じられたのである。この旨を左大臣（道長）へ伝えるべきである」と記している。ここでは道長は身体の不調を理由に除目の執筆を辞退しており、一条天皇も（行成も）致し方ないとして、執筆を右大臣顕光に命じている。

寛弘二年（一〇〇五）正月二十三日条の『御堂関白記』によると、道長が参内すると、一条天皇は「除目を必ず奉仕せよ。若し道長が不参ならば（除目を）行うべきではない」と仰った。道長は恐れ多い仰せなので、奉仕いたしますと奏上し、内裏に宿直した。「障りの事を申したのは、今年私は四十歳であり（現在の還暦のような感覚か）、かつ大臣になって十一年になる。不肖の身ながら数年（除目を）奉仕してきた。そこで申したところである」と言っている。このように、障りを申した道長に対して、一条天皇は除目を必ず奉仕するように命じ、もし道長が不参ならば除目を行うべきではないとまで言っている。それに対して、道長は恐れ多いお言葉なので奉仕しますと言っている。

さらに、寛弘四年（一〇〇七）正月二十六日条の『御堂関白記』によると、左頭中将が道長に対して、「早く参内せよ」と命じた。道長は障りがあるので参内できないと先に奏上したところであるが、重ねてのお召しがあったので、左右を申すべきではない、然れども今年は他の人に（除目を）行わせるように奏聞した。一条天皇が又仰るには、「もし道長が不参ならば、今日は除目を行うべきではない。まず尚参上するべきである」ということだった。そこで道長は宿所から宿衣で参入した。一条天皇が言うには、「もし道長が奉仕しないのであれば、二月に行うべきだろうか」ということである。道長としては今日明日は指したる障りはないのだが、日を改めるとしても今年は（除目の奉仕を）免除してもらいたい由を奏上した。一条天皇は重ねて仰せて、「奏聞はそのようであったが、もし道長が奉仕しなければ、極めて都合がよくない。なお行うべし」と命じた。仰せが既に数度あったので、奉仕いたしますと奏聞して宿所に下がった、とある。この年は、道長が金峯山詣を行う年で、未だ中宮彰子には皇子が生まれていない。そのようなことが道長の態度の背景にあるのかもしれないと倉本氏は指摘している。[28]
ただ、このように、除目について天皇から道長へ出席依頼がたびたびあるのに対して、道長は病気などを理由に辞退し、積極的参加の意向を示さないことが、長徳・寛弘年間には散見する。また、儀式の途中で執筆を右大臣顕光に譲る場合もある。本来、この時期の除目の執筆は内覧で左大臣の道長の行うべき役割である。[29]

除目は人事であり、朝廷にとってもっとも重要な儀式・行事のひとつである。それに対して道長の取ったこのような対応をどのように考えればよいだろうか。従来、道長は天皇との信頼関係を基礎に人事権を行使したと考えられてきた。[30]しかし、上記のような例を見ていくと、道長が除目に対して積極的に取り組んでいたようには見えず、除目を行おうとする一条天皇に対するサボタージュのように見えてくる。すなわち、この件は、一条天皇と道長の潜在的な対立関係を示していると考えられるのではないだろうか。

そこで比較のために、除目をめぐる他の天皇と摂関の関係をみてみると、一条朝の次の三条朝においては、即位当初は道長が除目を掌握しているが、次第に三条天皇が除目において自己の主張を述べるようになる。そして道長の意見と対立したり、三条天皇と道長それぞれの意向を取り入れて妥協したりというようになってくる。三条天皇のように除目の場において自己の意見を主張する天皇は摂関期には大変珍しい。この時期の執筆は内覧で左大臣の道長である。[31]

このようなこともあり、また道長としては早く自分の孫にあたる東宮敦成親王を即位させたいという意向もあって、三条天皇に対する圧力が強まっていく。そのためか、三条天皇は眼病を患い、執務ができなくなってしまう。そこで、道長を准摂政に補任して除目・官奏を行わせることになった。道長は摂政直廬において除目を行っている。

つづく後一条朝の除目について見ると、全体として大殿道長・摂政（のち関白）頼通が除目を掌握していた。後一条天皇も除目の儀式には参加しており、天皇の役割は果たしているのだが、独自の意向があったのかは史料上はわからない。後一条朝においては、頼通が摂政・内大臣の時には除目は摂政直廬において行われていた。寛仁三年（一〇一九）十二月二十二日に頼通が関白内大臣になると、執筆は左大臣藤原顕光になり、治安元年（一〇二一）七月二十五日に頼通が関白左大臣になると、執筆は右大臣藤原実資になり、長元四年（一〇三一）二月十五日になると頼通が関白左大臣であることに変わりはないが、執筆は頼通の弟である内大臣教通が務めることになった[32]。

つづいて後朱雀朝の除目について見ると、興味深いことに、一条朝と似たような状況を伺うことができる。すなわち、後朱雀天皇から関白左大臣頼通へ除目への出席要請がたびたび出されるのであるが、頼通は病気などを理由に辞退したり、積極的に参加しないことが散見されるのである。この時期においては、関白左大臣が頼通、右大臣が実資、内大臣が教通で、執筆は右大臣実資もしくは内大臣教通が務めていた[33]。道長が関白にはならずに内覧で左大臣を長く務めていたことと比較すると、頼通は関白左大臣となっており、太政官を配下におくことができたと考えることができるのかもしれない。

さて、後朱雀朝の除目について一条朝と類似した状況が見えるとしたが、実際にどのような状況であったのかを、『春記』長暦四年（一〇四〇）六月八日条で見てみよう。当時、『春記』の執筆者である藤原資房は蔵人頭で左近衛権中将であり、天皇と関白頼通の間を往復する日々を送っていた。この日、後朱雀天皇が、「関白頼通が風病にかかったと聞いたが、なお扶助して参入するように。そうでなければ除目を行うことは、都合が悪いということを関白に伝えよ」と仰った。そこで資房は頼通邸に赴きこの旨を伝え申させた。関白頼通が奏上することには「心地が乱れてなお通常の状態ではございません。今暫く試して、よくなれば参入いたします。たとえ私が参入しなくとも、何で除目を行われないのでしょうか（行われるべきです）」ということだったので、資房は天皇へ復命を奏上した。天皇は「関白が参上しないなら除目を行うことは難しい。この由を又関白に仰せよ」とのことだった。そこで資房は関白邸に参ってこの旨を伝え申した。関白はこの度は「相扶助して参上します」と覆奏されたので、資房は帰って天皇に奏上した。この間に諸卿が参上して伺候していた。しかし、日が傾いてきても、関白は参入されなかった。天皇は「今一度参上するかどうかを関白に伝えよ」ということだったので、資房は関白邸に参りこの由を申上させた。関白が申されるには、「心地の乱れが益々強くなってきて、とうとう平常には戻りません。ですので参内して伺候することができません」ということだったので、資房は帰ってこのことを奏上した。すると天皇は、「師房卿（陣頭にいる）を召せ」と仰ったので、資房が召すと師房卿が参入してきた。師房卿は天皇の使いとして関白頼通邸に参上し、往復は三四回に及んだ。「未だ聞いたことがないことである。なお、蔵人頭や蔵人を以って伝え仰せられるべきである。既に王事が無いようである。万人が注目している。公卿が謀議したということである。末代の極みである」と嘆いている。

源師房は村上源氏で具平親王の息子であり、道長の娘尊子（母は源明子）を正室とし、姉が頼通正室の隆姫で、頼通の養子格の人物という頼通に極めて近い公卿であった[34]。蔵人頭資房だけでは足りず、頼通に近い師房を使いとして派遣したところに、後朱雀天皇のどうしても頼通を除目に出席させたいという強い気持ちが表れている。

このように、後朱雀朝の除目においては、一条朝の内覧藤原道長と同様に、関白である頼通はたびたび除目に病気などを理由に出席できない旨を申上してサボタージュを行っている。後朱雀天皇も父一条天皇と同様に政治に対して前向きに取り組んでおり、荘園整理や天台座主の人事をめぐって関白頼通と対立していることが『春記』などに見える。摂関期においては、一条天皇や後朱雀天皇のように政治に積極的な天皇ほど、除目において関白や内覧から出席しないという妨害を受けていることになる。

それでは、なぜ、関白や内覧が叙位や除目に出席しないで妨害する場合に、一条天皇や後朱雀天皇のような政治に積極的な天皇が、どうしても叙位や除目に出席するようにと、関白や内覧に対して懇切に頼まなければならなかったのだろうか。

その理由は、関白の職掌にあると考えられる。関白の職掌については、元慶八年（八八四）、光孝天皇が太政大臣の職掌について諸道博士たちに諮問した後、藤原基経に奏下諮稟の詔を下したのが、事実上の関白の初任であると見なされている。その補任の詔をみると、「今日より官庁に坐して、万の政を領り行い、入りては朕が躬を輔け、出ては百官を総ぶべし。応に奏すべきの事、応に下すべきの事、必ず先ず諮り稟よ」（『日本三代実録』元慶八年六月五日条、原文は宣命文）とあって、何事も天皇へ奏上する場合にも天皇から下す場合にも、必ず基経を経るようにということになっている。すなわち、総ての政務は基経＝関白を経ないと成り立たないのである[35]。

さらに、仁和三年（八八七）宇多天皇が即位し、基経を正式に関白に補任した詔には、「其万機巨細、百官惣己、皆関白於太政大臣、然後奏下、一如旧事」（『政事要略』巻三十御画事阿衡事）とあり、阿衡の紛議を経て、宇多天皇は光孝天皇の奏下諮稟の詔と同じ内容の詔を下したことがわかる。

そして、除目における関白の役割についても、同じことが言えるのである。後一条天皇が元服後しばらく経ち、初めて御前において除目を行う時の記事を見てみよう。『左経記』治安元年（一〇二一）正月二十二日条によると、「今日、始めて御前に於いて除目の儀を行なはる。昨夜、御堂に於いて、致仕大納言・四条大納言、申されて曰く、「先例、除目の時、関白、下し給はる文書等、慥かに見定め、一々、執筆の人に渡す」てへり。入道殿并びに関白殿、此の事を諾す。若しくは然るがごとく行なはるるか」（『魚魯愚別録』四。国際日本文化研究センター「摂関期古記録データベース」による）とあって、後一条天皇が初めて御前において除目を行う前の晩に、道長の御堂において相談が行われている。

致仕大納言俊賢と四条大納言公任は、先例では除目の時に、関白は天皇から下された文書等を一々確認してから、執筆の人に渡すのだと言っている。入道殿（道長）と関白殿（頼通）はそのことを承諾した。つまり、関白は天皇と執筆の大臣の間に陣取って、天皇から下される文書を一々見てから執筆の大臣に渡すのであり、それは天皇に奏上するものおよび天皇から下すものは必ず関白を経るという奏下諮稟の詔における関白の役割を、除目の儀式において具現化したものとなっている。

すなわち、除目をまっとうに行う場合、関白がいないと儀式を実施することができないということになる。そのため、一条天皇も後朱雀天皇も天皇親政を志していながら、どうしても内覧道長および関白頼通に出席を求めざるを得なかったのだと考えられる。

そこに、摂関期の天皇の限界があったと言うことができるだろう。また、そのような政治システムを構築したことこそが摂関政治の本質であったと言うこともできる。

（5）一条天皇と皇位継承

彰子立后

皇位継承は摂関政治にとって肝要な問題である。一条天皇は皇位継承についてはどのように考えていたのだろうか。第一章でも見たが、まず、皇位継承と関係が深い藤原道長の娘彰子の立后について見ていこう。

道長の娘彰子が一条天皇のもとに入内したのは、長保元年（一〇〇〇）十一月一日のことであった。前述したように、それ以前にすでに道長の兄ですでに亡くなった道隆の娘定子が入内して中宮に立っており、公季娘の義子や顕光娘の元子、道長の亡くなったもう一人の兄道兼の娘尊子も入内して女御になっていた。道長が末弟であったため年齢が若く娘が幼かったのでなかなか入内できなかったのが、ようやく入内できたのである。

十一月七日に彰子は入内してすぐに女御となった。一方で注目できるのは、同日に中宮定子が一条天皇の初めての皇子である敦康親王を生んでいることである。後見役の父道隆が亡くなった後においても、一条天皇は中宮定子をたびたび召しており（貴族たちの間では評判が悪かった）、それは一条天皇の中宮定子への愛情を表すとともに、倉本一宏氏も指摘されているように皇子女の誕生を期してのものであったと考えられる(36)。

そのような状況の中で、道長は彰子の立后を急いだものと思われる。『権記』によると(37)、一条天皇と東三条院、道長の間を、蔵人頭行成が行き来してこの話が実現していったことがわかる。この件について最初に記事がみえるのは、彰子が入内した直後のことで『権記』長保元年（一〇〇〇）十二月七日条である。東三条院が示されること（彰子立后のこと）があるというので、行成は東三条院に参上した（左大臣道長からの書状があった）。東三条院の書状を給わって内裏に持参し、一条天皇へ奏覧し、左大臣道長が申上した旨も奏上した。一条天皇は、「このことは如何するべきだろうか」と仰った。そこで行成は「諸司三分以下の官を任命する時も諸卿が僉議するように、公事は特別なことであり、自ずからこのようなものです。ましてこれは大事であり、愚意の及び難いことです。ただし、丞相（道長）の申すところは懇切で、その旨は然るべきことです。それだけではなく、先日天皇が仰られたこともあります。そうであれば、今日は特別に期日を仰る必要はないでしょう。ただ、廃朝の間に仰せられるとすると、憚りがないわけではありません。このことは然るべきことです。丞相が参入した日に直接お話されるべきでしょうか」と言った。一条天皇は「そのようにしよう」と仰った。

そこで、行成は一条天皇の御返事を賜わり、東三条院に参上した。さらに、東三条院の書状を左大臣道長に持参した。時はすでに夕方に及んだ。権中将（藤原成信）に事情を伝えさせた。左大臣道長は病悩で御簾の外に出ることができないことを示された。行成は左大臣の命で簾中に入り、東三条院の御返事をお伝えした。又、一条天皇の勅報を伝えた。左大臣道長は、「この事について特に期日を承らずといっても、決定した由を承ったことは、汝（行成）の恩の至りである。大体、汝が蔵人頭となって後、事に触れて芳意の深いことを見てきたとは言え、その悦びを示すことができなかった。今、その時にあって、いよいよ厚恩を知った。汝一身の事については心配することはない。私には幼い子どもがいる。汝にもまた数人の子どもがいる。もし天命があって、このような事があった時には、必ずこの恩に報いることだろう。亦、兄弟のごとく思うべきことを、仰せ含めることにしよう」と仰った。丞相が欣悦されていることが、甚だ多かった、とある。こうして、彰子の立后が内定した。彰子立后については、東三条院の仲介および行成の尽力があったことがわかる。行成は一条天皇からも左大臣道長からも信頼されていたのである。

その後、翌年長保二年（一〇〇〇）正月二十八日に彰子立后が正式に決定した。『権記』を見ていこう[38]。早朝行成が参内すると、この日は蔵人頭正光朝臣が勅を奉じて、女御（彰子）の曹司に赴き、立后のことを左大臣道長に伝えた。立后宣命の日を選んで申し上げるようにとのことだ。先日、内々にこの様相を左大臣道長に伝えるようにという勅命を行成は蒙ったが、東三条院よりお伝えになるのが都合がよろしいでしょうと申し上げた（以前から伝達を行う人で失錯する人がいる。このような大事は定まった後に間違えるということはない。まだ定まらないうちに、もしくは相違する時には、現在の喧嘩では収まらず、必ず後代の謗りを招くだろう。なのでその難を避けるために申したところである）。一条天皇は承諾した。というわけで、左大臣は予め内密に東三条院の仰せによってこのことを知っていたが、今日が吉日なのでご披露になったわけである。「このことは、昨年冬の終わりに、太后（昌子内親王）が崩御して以来、たびたび一条天皇へ奏上したことである。現在の藤原氏の皇后は東三条院、皇后宮遵子、中宮定子と皆出家されているので、藤原氏の祭祀を勤めることがない。皇后職に納められている物で神事に充てるべき物はあるのだが、入道されて以降、神事を勤められていない。后位を帯びていらっしゃり、神事に充てるべき物もあるとは言え、尸禄素飡の臣（責任ある地位にありながら、職務を果たさず、無駄に給料をとっている臣）のようだ。いたずらに私用に使い、むなしく公物を費やしている。神事を勤めないのは、朝政としてみると何の益もない。たびたび怪異があり、所司が神事違例であると卜い申すのも疑いがあるのであり、恐らくはその祟りがこのように表れたものだろうか。永祚年間には四人の后がいらしたが、それは漢の哀帝の乱代の例のようだった。四人の后は皆廃されて別宮にいた。その不吉なことは知られるところであり、このようなことは避けるべきである。そもそも、初めて后を立てる儀においては、謗毀があるとは言っても、先例としてここに准拠を出すことについては、非難は無いのではなかろうか。まして、現在いらっしゃるのは二人の后である。今一人を加えて神事を勤めていただくのに何の問題があるだろうか。我が国は神国であるので、神事をまず第一とすべきである。中宮定子は正妃であるとは言え、すでに出家入道されており従って神事を勤めていない。天皇の特別の私恩によって、中宮職の職号を止めることなく、すべての封戸が納められている。重ねて妃を立てて皇后となして、氏祭を掌らせても、神明もしくは朝議の咎を享けることがあるだろうか。また、大原野祭はその濫觴を尋ねると「后宮が起請したところである」という。ところが、現在の二人の皇后はともに神事を勤めることがなく、左大臣が氏長者であるので一人で神事を勤行している。欠怠がないとは言え、恐らくは神明の本意ではないだろう。これもまた神事の違例と言うべきである。私は藤原氏の末裔であり氏院（勧学院）別当として氏祭のことを預かり知り、具さにその事情を知っておりますので申し上げるところです。事の可否はただ上様のご決断にあります」と行成は言った。「この間に奏上したこと、その旨は多いとは言え、悉くを詳らかにすることはできない。主上と左大臣は具さに知っておられるところである」と行成は言っている。左大臣道長は勅命を奉じた後、女装束一襲を勅使に被けた。勅使は天皇御前に参り復命した。左大臣は御所に参上し、慶びの由を奏上させ拝舞した（大蔵卿正光がこれを伝えた）。また、左大臣は東三条院の清涼殿の上御廬に参上し慶びを啓上し再拝した（行成がこれを伝えた）。左大臣は里第に退出して立后の宣命の日の雑事を定めた。行成は立后の旧記を、先日の命により左大臣に奉った。こうして彰子立后のことが決定したのである。

このように見てくると、彰子立后は一条天皇と東三条院、左大臣道長との間で取り決められたことがわかる。立后については、天皇と左大臣道長の間を東三条院が仲介する役割を果していたのであり、それが摂関期における母后の役割であったことが知られる。この後、彰子が生んだ後一条天皇が即位後に元服すると、やはり母后彰子が女御となった妹威子の立后を摂政道長に示唆するのである[39]。

また、この日記『権記』が行成の日記であることもあって、彰子立后が決まる過程において行成が果たした役割が強調されているのかもしれないが、蔵人頭である行成は一条天皇からも藤原道長からも信頼されていたことがわかる。一条天皇からは、彰子立后をどうしようかと聞かれたり、立后の旨を内々道長に伝えてくれないかと頼まれたりしている。ただし、立后を伝えることは東三条院を通じるように申上した。行成は東三条院院司でもあり、東三条院からも信頼されていたと考えられる。

ただし、行成の立場は、天皇の意向を考慮しながらも道長の立場を尊重するものだった。行成は言う[40]。すでに、定子が中宮となっているため躊躇する天皇に対して、現在藤原氏出身の后は三人いるが（東三条院、皇后遵子、中宮定子）、三人とも出家しているので、藤原氏の祭祀を務めることができない上に、皇后が行う大原野祭も行うことができない。最近怪異が多く、神事違例のためであるという亀卜の結果にもそのことが表れている。また、我が国は神国であるので、祭祀を第一に考えるべきである。よって、彰子を后として神事を行っていただくのがよろしいと天皇を説得しているのである。

このような行成の尽力に対して、道長は汝一身だけではなく子どもの代までもその待遇については任せておくようにと言って報いている。そのことを日記に書けることが行成としては自慢であり、日記は子孫が読むことを前提としているので、書いておくことが重要だったのだろう。

皇太子問題

つづいて一条天皇にとっての皇位継承問題である皇太子についてみていこう。寛弘八年（一〇一一）

五月二十三日、一条天皇は発病した。一条天皇はたびたび罹患しているが、この時の発病が崩御の原因となる最後の病気となった。藤原行成の日記『権記』寛弘八年五月二十七日条をみると、[41]行成自身もこの日調子が悪かったが無理をして参内したところ、御読経が始まる前に天皇からお召しがあった。行成が御前に参上すると、一条天皇は「譲位することがすでに決定した。第一親王（敦康親王）のことはどうしようか」と仰った。

そこで行成は、「この皇子のことを上様が思い嘆かれることはもっともなことです。そもそも忠仁公（藤原良房）は寛大な氏長者でした。昔、清和天皇は文徳天皇の第四子でした。文徳天皇は寵愛する紀氏の生んだ第一皇子のことをその母に対する愛情によって優寵されました。天皇は正嫡であることで第一皇子に皇統を継がせる気持ちがおありでした。しかし、第四皇子は外祖父が忠仁公（良房）で朝廷の重臣であるということによって、遂には皇太子となることができたのです。今、左大臣がまた当今の重臣外戚、その人です。左大臣は外孫の第二皇子（敦成親王）を定めて皇太子にしたいと思うのは尤もであり然るべきことです。今、上様が嫡子を皇太子としたいと思っても、丞相（道長）は必ずしもすぐには承引しないでしょう。まさにご病気であるならば、時代はたちまち異変が起きるかもしくは嗷々とするでしょう。（そのような時は）弓矢を持たないような場合には、議論しても益がありません。いたずらに天皇の御心を煩わすべきではありません。仁和の先帝（光孝天皇）は皇運があったので老年に及ぶとは言え、遂には帝位に登られました。恒貞親王は始め皇太子となられましたが、ついに廃されました。前代の得失は、ほぼこのようです。このような大事は、ただ宗廟社稷の神に任せておくべきもので、人の力の及ぶ所ではありません」と、時の有力者である左大臣道長の意向を無視することは難しいことを申上した。

そしてさらに行成は「ただし、この皇子の母である故皇后宮定子の外戚高階氏の先祖については、斎宮（恬子内親王）と在原業平の後胤であるので、（皇太子となることを）皆が賛成しないでしょう。今、皇子のために恐れるところがないわけではありません。よく伊勢大神宮に祈り謝るべきです。その上で愛憐のお心がおありならば、皇子に年官年爵ならびに年給の受領を給い、二三の宮臣によく仕えさせれば、それがよいお計らいとなりましょう」と言った。

この件についてもまた去る春より一二年来、事あるごとに仰られたことで、また上奏したところのことである。即ち重ねて天皇が仰るには、「汝がこの旨を左大臣に命じるか、どうするか」と。即ち行成は「左右は仰るようにいたします。但しこのようなことは、御意の旨の直接仰せ事を賜うべきかと存じます」と奏上した。そして天皇の許可があった。このように、一条天皇は長男であり故皇后定子の生んだ敦康親王に皇位を譲りたいと思っていた。しかし、行成の時の権力者である左大臣道長の孫にあたる中宮彰子所生の第二皇子敦成親王に皇位継承させるのがよい、敦康親王には年官年爵および年給の受領を与え、宮臣によく側で仕えさせるようにすればよいとの意見を容れることにしたのである。

行成は、寛弘八年時点で侍従で権中納言、皇太后権大夫（皇太后は遵子）、かつ敦康親王別当でもあった。蔵人頭から参議や権中納言という議政官になっても侍従という天皇の側近くに仕える官職に就いており、天皇が寵愛する敦康親王の別当を兼ねているところに、天皇から信頼を寄せられている行成の立場を理解することができよう[42]。ただ、この時も行成は左大臣道長側の立場を貫くのであるが。そのような行成の立場を考慮しても、この時期に彼より天皇によく奉仕してくれる人はいなかったので、このような官職に就くことになったのだと思われる。

以上のように、皇太子問題についても一条天皇は自らの意見を有していたが、最終的には摂関側（道長は正確には内覧）の要求に屈せざるを得なかったと言える。このように、一条天皇を例に考えてみると、摂関期の天皇には現在考えられているよりも大きな政治的機能があったのであるが、摂関（内覧を含む）の政治的権勢を上回ることはできなかったのである。これが摂関期の天皇の限界であった。

ところで、一条天皇の皇位継承問題について、天皇とも道長とも異なる意見をもっていた人物がいたことを最後にみておくことにしよう。それは一条天皇の第二皇子敦成親王の母であり道長の娘である中宮彰子である。『栄花物語』巻八によると、中宮彰子は、まずは敦康親王に皇位継承をさせて、その後敦成親王に天皇位を継がせるという意向だったと述べられている。従来このことは彰子についての修飾だとみられてきたが、近年は敦成親王が生まれるまで中宮彰子が敦康親王を養子のように面倒を見てきたこと、彰子と敦康親王の間には信頼関係が築かれていたことなどから、本当のことではないかと考えられるようになってきている[43]。実際、敦康親王が即位して十年余りたってから敦成親王が即位しても、中宮彰子はまだ三十代なのであり、敦成親王の即位を待つ余裕があっただろう。ただし、左大臣道長にとってはそれでは遅すぎるのである。敦康親王ではなく敦成親王の立太子を急がせたのは、内覧左大臣道長であったのである。

『権記』寛弘八年五月二十七日条によると、この件について後に聞いたところでは、后宮（彰子）が丞相（左大臣道長）を怨んでおられるということだ。譲位の事情を東宮（居貞親王、のちの三条天皇）に伝えようと、道長が一条天皇御前より東宮へ参上される途中で、中宮彰子がいる上御廬の前を通り過ぎた。中宮彰子はたとえこの件を承ったとしても、私（中宮彰子）が何か言うことはないだろう。このことは大事である。そうであれば隔て心なく示されるべきだろう。「それなのに、隠密になさろうとして、このこと（譲位）を（私に）示し告げられることがなかった」ということであった、とみえる。皇位継承についての道長と彰子の意向のすれ違いを象徴する出来事であろう。

第二節　藤原道長と摂関政治

（1）藤原道長の生涯

つづいて、この時期の摂関代表として（実は内覧）藤原道長からみた摂関政治について、道長自身の日記『御堂関白記』や『小右記』などの日記から見ていこう。まずは、道長の生涯を確認していく[44]。

道長の登場

道長は、康保三年（九六六）に、父藤原兼家と母摂津守藤原中正娘の三男として生まれた。同母の兄に道隆（十四歳）、道兼（六歳）、姉に超子（のち冷泉天皇女御・三条天皇母）、詮子（のち円融天皇女御・一条天皇母）、異母兄に道綱（十二歳）がいた。天元三年（九八〇）に元服して道長は従五位下（十五歳）に叙位された。摂関の子どもとしては一般的な叙位と言えるだろう。

その後、寛和二年（九八六）に花山天皇が譲位して、一条天皇が即位すると状況が大きく変わることになった。一条天皇は道長の父兼家にとっては外孫にあたるため（道長にとっては甥）、兼家は摂政となり、兼家にとっては同じく外孫にあたる居貞親王（のち三条天皇）が東宮となった。こうして、兼家にとっては次期天皇も孫で摂政の地位も約束されたわけである。

兼家と兄兼通とが大変仲が悪く、そのためもあって兼家がなかなか摂関になることができなかったのは有名である。兼家がなかなか摂関になれなかったことは、子供たちの昇進にも影響を与え、兼家の子どもたちの昇進は全体的に早いとは言えなかった。しかし、兼家は摂政となるや、自らの子どもたちの官位をどんどん上げていった。その恩恵をもっとも享受したのが道長だった。兄たちはすでに年齢をとっていたが、末子の道長はまだ若かったから、若くして高い官位に恵まれることになった。[45]

道長の結婚

永延元年（九八七）には道長は従三位左近衛少将から左京大夫となっている。また、この年に道長は左大臣源雅信の娘倫子（母は中納言藤原朝忠娘穆子で雅信正室、二十四才）と結婚して（道長は二十二才）、雅信の土御門第に通った。倫子は宇多源氏出身の左大臣源雅信の娘であり、雅信は倫子を后がねとして大切に育てていたが、残念ながら結婚相手となる天皇や東宮がその時いなかった。まだ若く官位も高くない道長を買ったのは正室穆子だったと言われている。道長は、姉詮子（のち円融天皇女御、一条天皇母）からも可愛がられていたようで、末弟ということもあり、年上の女性に人気があったのかもしれない。

図２－３　土御門第故地（撮影：倉本一宏）

ともかく父兼家の正室であり道長の母でもあった藤原中正娘時姫が受領の娘であるのに対して、道長自身は身分の高い女性を正室に迎えることができたわけである。これも道長の戦略だったと言える。

翌永延二年（九八八）になると、道長は二十三才で権中納言になっている。これは当時としては異例の昇進だった。当時は一般的には三十才くらいにならないと中納言や大納言にはなれないのが普通であった。兼家の子どもをどんどん昇進させる方針が道長にとって有利に働いた例である。

一方で、この年、道長には長女彰子が生まれている。もちろん母は前年に結婚した正室の倫子である。その後、道長と倫子は土御門第に住み、親である雅信夫妻は一条第に移った。このように初めは通っているが、子どもが生まれると女性の家に夫婦で定住するようになる婚姻形態はこの時期の貴族には多いパターンである。土御門第は道長の本第となり、彰子もこの邸宅に里下がりして敦成親王と敦良親王を生んでいる。

また、この年には、道長はもう一人の有力な妻である源明子のもとに通い始めた。明子は安和の変で失脚した源高明（醍醐天皇皇子）の娘で、父親が失脚した後は東三条院詮子に養われていた。それが養女としてなのか、高級女房としてなのか論争があるところである。[46]ともかく仲の良い姉東三条院の許しがあったのだろうが、これまた源氏という皇族出身の毛並みのよい女性と結婚したことになる。

永祚元年（九八九）になると、兼家が太政大臣となった。これは翌年一条天皇が元服を行うことになっており、天皇元服の際の加冠役は太政大臣が務めることになっていたためもあった。[47]

道隆と伊周

正暦元年（九九〇）、一条天皇が元服し、兄である道隆の娘定子が入内して、女御から早速中宮となった。道長はその中宮大夫となっている。この後、『枕草子』にも描かれている中宮定子の後宮生活を身近で見ることができたことは、道長にとって将来自分の娘たちを入内させる際にさぞかし役に立ったことだろう。

このようにめでたい行事がある一方で、兼家が病気のため、関白は息子の道隆がなることになった（その後、道隆は摂政になる）。その後、兼家は六十二才で亡くなった。

正暦二年（九九一）になると譲位後も一定の政治的立場を有していた一条天皇の父である円融法皇が

没した。その後、円融法皇のキサキであり一条天皇の母である皇太后詮子が東三条院となった。これが初めての女院である[48]。まだ若い一条天皇の後見役であり、天皇家と大きな権力を有していた摂政兼家の没後の摂関家との橋渡し役の意味があったのだろう。

この年、道長は権大納言となっている。この時二十六才で、これまた従来ないほどの昇進であった。しかし、この時道長を上回る勢いで昇進したのが、摂政道隆の息子である伊周であった。伊周は十八才で参議から権中納言になっている。この後、伊周は大変なスピードで昇進を続けていく。正暦三年（九九二）には権大納言、同五年には二十一才で内大臣になった。

ところが、長徳元年（九九五）になると関白道隆が病気になった。一条天皇の許可があり、この時は伊周に文書を内覧させている。しかし、関白道隆は結局四十三才で亡くなった。この年は疫病が流行したのだが、道隆は糖尿病で亡くなった。その後、道隆の弟の道兼が関白に補任されたが、道兼は疫病に罹っており三十五才で間もなく亡くなってしまった。

問題となったのがその後だれを摂関にするかということである。この間の事情については有名であるが、天皇の母である東三条院の意向もあり、結局、道隆・道兼の弟である道長に内覧の宣旨が下った。その年の内に、道長は権大納言から右大臣となった（三十才）。道長が関白ではなくて内覧になったのは、まだ若くて大臣ではなかったからであろう。

翌長徳二年（九九六）には、摂関になれなかった伊周と弟隆家が事件を起こす。故為光邸において、為光の三女に通っていた伊周が四女に通っていた花山法皇を誤って射るという事件である。その結果、伊周は大宰権帥に、隆家は出雲権守に左遷されることになった。こうして、道長は政敵を労せずして失脚させることができた。

一条天皇と道長

一方、道長の方は左大臣に昇っている（三十一才）。興味深いのは、道長は左大臣になっても関白にならない点である[49]。これは、親政志向の強い一条天皇が道長を関白にはしないで内覧のまま据え置いたということも考えられるかもしれない。ただし、この後、道長は一条朝・三条朝において内覧で左大臣という地位を堅持していくことになる。このあたり、表面的には見えないが、一条天皇と道長の微妙な政治的緊張関係を示しているとも言えよう。

このように道長は内覧左大臣となり朝廷の頂点に位置していたが、すべてのことを掌握していたわけではなかった。そのことは、この年に大納言藤原公季娘義子と右大臣藤原顕光娘元子が入内し女御となったことにも表れている。道長の娘彰子はまだ幼くて入内することはできない状況だった。また、この年に中宮定子は一条天皇の第一子である脩子内親王を生んでいる。一条天皇は兄伊周・隆家が失脚した後も出家したとされている中宮定子をたびたび内裏に召しているのである[50]。

長徳三年（九七七）になると、伊周・隆家は召喚された。と言っても、政治的力はすでに彼らにはなかった。同四年（九九八）には故道兼の娘である尊子が入内し、女御となった。この時期、道長はいまだ後宮を押さえていなかったと言えるだろう。一方で、この年に、左大臣道長は病気により内覧と随身を停止されている[51]。

長保元年（九九九）になると、一条天皇は東三条院に朝覲行幸を行った。その際、道長に随身を改めて賜っている[52]。実は内覧については、道長が再び補任された記事が見えない。記事が落ちているだけかもしれないが、もし再任しなかったとしたら、それは親政を目指した一条天皇の方針を示したものと言えるだろう。ただし、道長が内覧に再補任されなかったとしても、この後の政治をみていくと、道長は内覧と同じ働きをしているのであるが。

また、長保元年は道長にとっては後宮政策の第一歩を踏み出した年となった。長女彰子が十二才になり成人式に当たる裳着を行い、漸く一条天皇（二十才）の後宮に入内して女御となったのである。彰子が入内するにあたって、道長は大層な準備を行った。公卿たちに和歌を依頼し、彰子が入内のために持参する屏風に能筆で著名な行成にその和歌を書かせたのである。さらに入内するにあたって、女房四十人、童女六人、下仕六人[53]を付き従わせた。このように従来にないような規模でお輿入れをさせたのである。

ところが、同じ年に中宮定子は一条天皇にとって初めての皇子である敦康親王を生むのである（二十四才）。一条天皇の喜びは『権記』に詳しい。敦康親王の誕生に対抗するかのように、翌長保二年（一〇〇〇）彰子は中宮となった。彰子を中宮にする経緯については、第一節「摂関期の天皇・『権記』からみた一条天皇」の項で書いたように、藤原行成の功績が大きかった。道長も行成に対して謝礼を述べている。一方、この時、中宮定子は皇后となった。これが一天皇二后制の始まりである。

このようにかなり無理をして道長側は彰子を中宮にしたわけであるが、同年暮に、皇后定子は媄子内親王を生み没してしまう。時に二十五才の若さであった。

こうして道長の後宮政策は始まったのであるが、漸く一条天皇の中宮にした彰子にはなかなか子どもが生まれなかった。十二才での入内だったので無理からぬことではあるのだが。

寛弘四年（一〇〇七）になると道長は著名な金峯山詣を行い、金峯山山上に経筒を埋納した。この経筒は江戸時代に発掘されて現在は国宝となり東京国立博物館に保管されており、時折展覧会に出展されている。この金峯山詣は道長の弥勒など仏教に対する信仰から行われたものであるが、途中で子守三所にも詣でており、彰子の皇子出産を祈ったものと考えられている。[54]

その効果があったのか、中宮彰子は妊娠し、翌寛弘五年（一〇〇八）には、道長の土御門第において一条天皇の第二皇子である敦成親王（のちの後一条天皇）を生んだ。この中宮彰子が皇子敦康親王を生むまでの経緯を第一に描いたのが、紫式部著『紫式部日記』である。[55] 道長の喜びについても述べられている。一条天皇は、土御門第に行幸してその喜びを表した。中宮彰子は二十一才になっていた。

機が熟したのか、翌寛弘六年（一〇〇九）になると、中宮彰子は、土御門第において、敦良親王（のちの後朱雀天皇）を生むのである。敦成親王・敦良親王の二人が生まれたことで、中宮の位置づけも道長の将来的な地位も安泰となったのであった。道長が将来への一手を打ったと言えば、寛弘七年（一〇一〇）には、道長の娘で彰子の妹である尚侍妍子が、東宮居貞親王の妃となっている。

こうして、一条朝において道長の朝廷における地位が確立したところで、寛弘八年（一〇一一）になると、一条天皇は病気のため、三条天皇へ譲位し、一条天皇皇子で中宮彰子所生の敦成親王が皇太子となった。その間の経緯については、第一節で藤原行成『権記』によって明らかにしたところである。その後、一条上皇は三十二才で没した。

三条天皇と道長

三条天皇は践祚すると、左大臣道長に内覧の宣旨を下した。三条天皇からは道長に関白就任要請があったのだが、道長がそれを断ったため、内覧となったのである。

藤原道長と言うと摂関期の最盛期の人物のように思われるが、実際には摂政関白の地位に就いていた期間はほとんどない。外孫である敦成親王が後一条天皇となると道長は摂政となるが、翌年には息子の頼通に譲ってしまい、自らは太政大臣になる。しかし、それも後一条天皇の元服儀において加冠役を務めるためで儀式終了後は辞してしまう。その後は大殿として隠然とした政治権力を振るうようになる。このように道長が現役として政界で活動した一条朝・三条朝を通じて摂関ではなくて内覧左大臣であったことには注意しておきたい。

一条朝において初めて内覧に補任された時は道長はまだ大納言であった。それ以前においても例えば兼通の場合をみても、初めて摂関に補任されるべき時に権中納言であったため、まず内覧に補任され、その後内大臣となり、関白になっている。なので、道長が始め内覧に補任されても不思議はないのであるが、道長はその年の内に右大臣となっており、長徳の変後翌年には左大臣となっている。その後、関白となってもおかしくはないのにもかかわらず、道長は、結局一条朝においては内覧左大臣のままなのである。[56]

この辺りの事情は詳しくはわかっていないが、やはり親政志向の強い一条天皇の意向との関係もあったのではないかと思われる。一方で、この時期道長より年上の公卿としては顕光、公季、道綱などがいるが、太政官の政務を主導できる公卿はいなかったようにも見える。左大臣として政務を運営していく中で、道長は太政官政務を掌握しておく必要を感じたのではないだろうか。そのため、道長は三条朝に至った時に、関白を断り、太政官政務にも直接関わることができる内覧左大臣の地位を望んだのではないかと考えられる。

三条朝における天皇と道長の対立関係については著名であるが、『御堂関白記』長和二年（一〇一三）六月二十三日の除目における応酬をみてみよう。この日に除目があるという仰せがあったので、道長が早朝に参内したところ、三条天皇は「先日仰せたように、教通を中納言に任命しよう。しかし懐平は久しく宮司に伺候し、年も老い、大変ふびんに思う人である。権中納言に任命するのはどうだろうか」と仰った。道長は「先日このような仰せがありました。（しかし、）中納言七人の例はいまだ聞いたことがございませんし、今初めて（伺って）任命することは都合が悪いのではないでしょうか、必ず難があるのではないでしょうか」と奏上した。三条天皇は、「やはり、加官しようと思う」と仰った。道長は、「思っていらっしゃるのでは、事情を申すべきではございません。『事を思わないで、ただ人を思う』と仰るのは不思議なことです。よく思い定めなさって任命されるべきです」と奏上した。天皇は、「やはり加官すべきだ」ということだ。道長は、「大納言はいかがですか」と奏上した。天皇は、「大納言には任命しない」と仰った。道長は、「大納言には頼通を任命されるべきです」と奏上した。道長は、「彼の懐平は「宮司」ということで加官されるのです。頼通も宮司です。大中納言に権官があるのは常の事です。頼通は位階が高いので（正二位）加階は賜りません。他の人は皆加階や官を賜っています。一人漏れているのはいかがなものでしょうか」と奏上した。三条天皇は「申すところには道理がある。同じく（頼通も権大納言に）任命しよう」と言った。

その後、除目が行われ、道長が執筆を奉仕した。任人は十人で、清書や下名が行われ、大納言頼通が慶びを奏上し、夜になってから中納言教通も慶びを奏上した。道長は二人を従えて退出し、皇太后宮（彰子）・中宮（妍子）のもとに参上した。道長は、このような状況について「今日、面目あり」と書いている。

以上のように、三条天皇は自らに近い懐平をどうしても中納言に任命しようとして、道長の息子教通を中納言にするだけではなく、頼通を大納言にすることをも結局認めている。このように、天皇が自らの人事についての意向を、摂関（内覧を含む）に対して強硬に主張する例は摂関期には珍しい。三条天皇の個性と道長との対立はこのような場面からも伺える。

この間、三条天皇が即位して間もなくの寛弘九年（一〇一二）には、一条天皇中宮の彰子が皇太后となり、彰子の妹の三条天皇女御妍子が中宮となった。しかし、三条天皇は妍子と同じく女御で、東宮時代からの妃であり皇子女を複数生んだ藤原娍子（済時の娘）をも后としたいと考え、乗り気ではない道長も反対できずに結局娍子は皇后になることになった。これも一天皇二后制の先例が開かれていたからである。

娍子立后の日に、道長は中宮妍子が内裏に入る日を重ねたため、公卿たちは立后の儀式ではなく妍子入内の儀式の方に参加してしまい、立后の儀式は藤原実資など数人の公卿によって漸く行われた。道長がこのような妨害を行ったことは著名である。また、娍子の父済時はすでに亡くなっており、後見は兄の参議通任しかいないため、寂しい立后の儀式になってしまった[57]。この娍子立后以降、三条天皇と道長の対立はますます激しくなっていく。

このような状況が三条天皇にとっては大きなストレスになったことは想像に難くない。長和四年（一〇一五）になると、三条天皇は眼病を重く患い、道長を摂政に准じ（准摂政）、除目・官奏を行わせることになった。こうして道長の威勢はいよいよ大きくなり、長和五年（一〇一六）には、三条天皇に譲位を迫り、道長の外孫である皇太子敦成親王が後一条天皇として践祚することになった。ただし、三条天皇も安易に譲位に賛同したわけではなく、三条天皇皇子敦明親王（母は皇后娍子）が皇太子となることで、譲位を承諾したのだった。

後一条天皇と道長

一方、道長は、外孫の敦成親王が後一条天皇となったことで、摂政となった。また、左大臣を辞している。ここに、一条朝・三条朝の間継続されてきた道長が内覧で左大臣という立場で、関白と同じように天皇と太政官の間に立ち、太政官をも領導していくという体制が終焉を迎えたことになる。そのことの意味については今後の課題としたい。

翌年寛仁元年（一〇一七）になると、道長は摂政も辞してしまい、息子頼通が摂政となった。ここに、摂関は摂関家の中で受け継がれていく官職になったと言えよう。

また、同年には、皇太子敦明親王が皇太子を辞し、一条皇子敦良親王（母皇太后彰子）が皇太弟となり、次代の天皇も道長の孫であり、摂関の地位もそのまま道長の子孫が就くという体制が明らかとなったのである。

この年、道長は太政大臣となっているが、これは翌寛仁二年に行われる後一条天皇の元服の儀式において、加冠の役を務めるためであった。

寛仁二年（一〇一八）になると、正月にまず後一条天皇が十一才で元服する。道長は加冠の役を務めた。つづいて、後一条天皇の母后である皇太后彰子が太皇太后となった（三十一才）。後一条天皇が元服すると、道長は太政大臣を辞してしまう。後一条天皇元服の加冠役を務め終えたためである。摂政の地位は前年に息子頼通に譲ってあった。しかし、その後も道長は大殿として朝廷の政務や儀式に関与しつづけた。近年、大殿としての道長の活動について分析が進んでいる(58)。それらによると、道長は、政務決裁について、道長が政務に介入することにより、現任の摂政頼通の裁量が狭められ、その存在が軽んじられてしまう場面もあったことが指摘されている。

また、儀式においては、天皇が出御する儀式、すなわち清涼殿の儀式には、道長は基本的に参仕している。参仕の仕方として特徴的なことは、たとえば一代一度の仁王会の場合、摂政頼通が他の公卿と共に行香を行っているのに対し、大殿道長一人が天皇の傍に控えているというように、道長と現任摂政頼通が隔絶した位置づけになっていたことである。

このような道長の大殿としてのあり方は、道長が新天皇の後一条天皇の外祖父であることから発しており、後一条天皇の後見人であり、後一条朝の演出者であることを示していると考えられる。

寛仁二年正月に後一条天皇が元服すると、三月には道長の娘で太皇太后彰子の妹威子が入内し、四月には女御となった。さらに、『御堂関白記』七月二十八日条によると、内裏に候宿した道長が翌朝太皇太后宮御方（彰子）に参上すると摂政頼通も参上してきた。太皇太后彰子が尚侍威子の立后の事を早く行うのがよろしいと言った。摂政頼通も早く立后の日にちを定めるべきだと言ったとある。こうして、第一章でも見たように、尚侍威子の立后が決まった。[59]

十月十六日が立后の儀式の日となった。当日のことは『御堂関白記』や『小右記』に詳しい。まず内裏の紫宸殿に後一条天皇が出御し、立后の儀式が行われた。紫宸殿前に公卿と官人等が立ち並び、「皇后（妍子）を皇太后に、女御威子を皇后になす」という宣命が読み上げられた。そして、摂政直廬において宮司除目が行われて、中宮大夫以下が任じられた。

その後、公卿らは里第である土御門第にいる新中宮威子のもとへお祝いに赴いた。これが本宮の儀である。まず、公卿らは寝殿前の庭に立ち並び、寝殿の新中宮威子に拝礼をし、つぎに東の対に設けられた饗座に着いた。その後、寝殿の南面の簀子に設けられた二次会にあたる穏座に移動した。世に有名な和歌「此世をば我世とぞ思ふ望月の虧たる事も無しと思へば」が詠われたのは、この場面であった。酒が勧められて皆酔い、堂上・地下そろって音楽を演奏した。道長に言われて、実資は盃を摂政頼通に勧め、摂政頼通は左大臣顕光に渡し、左大臣顕光は盃を道長へ献上し、道長は右大臣公季に廻した。

その後、中宮威子から道長以下に禄を賜り、道長は「親が子どもから禄をもらうことはあるのだろうか」と言ったが、これも喜びの言葉だろう。そして道長は、実資を招くと、「和歌を詠もうと思う。必ず和してほしい」と言った。道長は、「得意そうな歌なのだが、用意しておいたものではない」と言って詠んだのが「此世をば」の和歌だったのである。

実資は御歌は優美であるのでお答えすることができません、中国で白居易が元稹の菊の詩に賞嘆して終日吟詠したように誦しましょうと言って、公卿たちと一緒に数度吟詠した。(60) この後、十一月には土御門第に太皇太后彰子、皇太后妍子、中宮威子の三后行啓が行われた。このように三后が一家から立ったのは初めてであり、後一条天皇も皇太弟敦良親王も道長の外孫であり、将来的にも天皇は道長の子孫ということである。このように、道長の時に外戚であることに基づく摂関政治は極まったということができる。道長が「此世をば」の歌を詠ったのが、大臣や摂関になった時ではなく、威子が中宮となり三后が全員道長の娘となったこの時であったことは、摂関政治の本質を象徴していると言える。

以上のように、外孫である後一条天皇が即位すると、道長の権力は極まることになる。寛仁二年の外孫後一条天皇の元服、道長娘威子の入内と立后がそれを象徴する出来事となった。寛仁元年には息子頼通に摂政の地位を譲っており、すべて手は打ったということである。寛仁三年（一〇一九）になると、三月に道長は出家して、九月には東大寺で受戒した。その後は法成寺の造営など仏事に力を入れることになる。この年には刀伊の入寇があり、朝廷でも定が行われたが、特に道長が指示を与えたということも見えない。一方、道長息子頼通は後一条天皇が前年に元服したことにより摂政から関白となったが、後一条天皇がまだ幼いため摂政に准じて官奏・除目を行うようにとの宣旨が下った。

寛仁四年（一〇二〇）には、道長は無量寿院の落慶供養を行っており、いよいよ仏事に邁進していく。この年十一月には、寛弘の四納言のうち、藤原斉信が大納言に、同行成が権大納言に任ぜられた。治安元年（一〇二一）になると、道長の末娘尚侍嬉子（母は倫子）が皇太弟敦良親王の元に妃として参入した。また、議政官の方にも大きな変化があり、藤原公季が太政大臣、頼通が左大臣、実資が右大臣、教通が内大臣、頼宗と能信が権大納言に補任され、道長の息子関白左大臣頼通を中心とする新しい体制が築かれていく。一方、後一条天皇も元服後初めて官奏を覧ており、正式に政治に関わるようになっていった。ただし、後一条天皇が朝廷の政治や儀式に天皇として参加していたことは確認できるが、関白頼通と対立するような独自性は認められない。

治安二年（一〇二二）になると道長は、無量寿院を法成寺と改称し、金堂と五大堂の供養を、後一条天皇・皇太弟敦良親王、太皇太后藤原彰子・皇太后藤原妍子・中宮威子の参列も得て行った。

治安三年（一〇二三）正月には、後一条天皇は母であり土御門第にいる太皇太后彰子に対して朝覲行幸を行い、皇太弟敦良親王も拝観した。太皇太后彰子はその後女院となるが、その前提となる行事であったと言えよう。また、この年、道長は、高野山や大和諸寺を巡礼しており、仏事に力を入れていたことがわかる。

翌万寿元年（一〇二四）には、道長娘尊子（母は明子）が頼通正室隆姫女王（具平親王娘）の弟で頼通の養子格である源師房と結婚した。道長の娘たちは、母が倫子の場合は皆天皇もしくは皇太弟と婚姻しているが（途中で亡くなった嬉子の場合も敦良親王が後朱雀天皇となった時には中宮に昇ったと考えられる）、母が明子の場合はもう一人の娘寛子は小一条院（敦明親王）妃となり、尊子は源師房室で二人とも天皇や皇太子のキサキにはなっていない。このように母の立場によってその子どもの将来も変わった。ただし、尊子が源師房の室となったことにより、その後、村上源氏は摂関家との関係が深まり発展していくことになる。

この年には法成寺薬師堂が供養されており、法成寺の造営が引き続き継続され、道長の仏事に対する熱意を伺うことができる。また、同年には一条朝の四納言のひとりである権大納言藤原公任が、娘藤原教通室が亡くなったことなどにより致仕している。

万寿二年（一〇二五）になると、まず道長の娘で小一条院妃となっていた寛子が没した。その後、八月三日に、皇太子妃である道長娘嬉子が皇子親仁親王（のちの後冷泉天皇）を生んだが、流行していた赤斑瘡（もがさ）に罹り、二日後の八月五日に亡くなった。十九才だった。道長と倫子の間の末娘であり、道長が大変悲しんだことが『栄花物語』などに見える。道長が嬉子のために魂呼（たまよばい）を行ったことが『小右記』や

『左経記』などに記されている。

この時生まれた皇子がのちの後冷泉天皇であり、後冷泉天皇の元には、後一条天皇皇女章子内親王、頼通娘寛子、教通娘歓子が入内して后となったが、結局皇子女に恵まれず、摂関家出身の后妃ではない母から生まれた尊仁親王（父後朱雀天皇、母皇后禎子内親王）が後三条天皇として即位することになる。

万寿三年（一〇二六）正月十九日、太皇太后彰子は出家して、院号を上東門院とした。上東門院の院号付与に際しては、東三条院の例が参照された。四月には、道長は法成寺において逆修を行っている。等身の阿弥陀仏六十一体を図書し、阿弥陀経を書写して供養している。道長の行う仏事も極まったと言えよう。一方、十二月には、中宮威子が初めての子どもである皇女章子内親王を生んでいる。即位時の後一条天皇が九才であるので、即位後十年してから子どもが生まれるのも不思議ではないが、このような時期に生まれていたことは従来あまり知られていないことではある。皇女なのであまり問題にされてこなかったのではないかと思われる。章子内親王は後冷泉天皇の中宮となり、二条院という院号も付与されることになる。また、中宮威子はもう一人皇女馨子内親王を生み、こちらは後三条天皇中宮となった。ただし、中宮威子には皇子がおらず、皇統は後一条天皇の弟後朱雀天皇子孫へと移っていった。

万寿四年（一〇二七）三月、三条天皇皇女禎子内親王が皇太弟敦良親王のもとに妃として参入した。道長娘である妃藤原嬉子が亡くなったことによるもので、禎子内親王はその後、皇子女を三人生み（うち一人が尊仁親王でのちの後三条天皇）、中宮となり、皇后、太皇太后を経て、女院陽明門院となった。

六月には、道長が、法成寺釈迦堂供養を上東門院彰子と皇太后妍子の臨席のもと行った。しかし、皇太后妍子は、病のため八月に受戒を行い、その後亡くなった。娘の禎子内親王が皇太弟敦良親王の妃になったことを見届けた後であり、その点については安心したのではなかったかと思われる。娘である小一条院妃寛子、皇太弟妃嬉子に続いて皇太后妍子の死を迎えた父道長が泣いて取りすがったことが『栄花物語』に見える。

このように晩年には娘たちが次々と亡くなるという悲しみを味わった道長であるが、十一月には体調が悪くなり、上東門院彰子や中宮威子が見舞ったり、頼通を含めて読経を行ったりしている。十一月二十五日になると、道長は法成寺阿弥陀堂に移った。そこに、十一月二十六日には後一条天皇が、二十九日には皇太弟敦良親王が道長を見舞っている。非常赦も行われ、非常事態の様相が続いているうちに、十二月二日には、道長の背中にできた腫れ物に医師が針を刺して膿を出すなどの治療が行われたが、十二月四日に道長は亡くなった。『栄花物語』によると、目には阿弥陀如来を見ながら、耳には念仏を聞きながら、心には極楽を思いながら、手には阿弥陀如来からの糸を引きながら、北枕で西向きに伏せて亡くなった。六十二才だった。『小右記』によると、道長は初め亡くなった後も生きている気配があったので不断の念仏を行ったが、夜になって入滅したという。五日に入棺し、七日に鳥辺野において葬送し、木幡に埋葬された。同日、藤原行成も亡くなっている。

母后の政治力

ここで、摂関とは異なる立場で天皇を支えた母后の政治力について触れておこう。[61] 近年、后や女院に関する研究が活発化し、キサキは、単に皇子を生んでその皇子が天皇となり、キサキの父親や兄弟が外戚・摂関になるためだけの存在ではなかったことが明らかになった[62]。藤原道長の娘藤原彰子の場合、一条天皇の中宮となり、皇子敦成親王（のちの後一条天皇）と敦良親王（のちの後朱雀天皇）の二人の皇子を生んだ。道長は一条天皇および三条天皇に対しても外叔父であり外戚ではあったが、後一条天皇および皇太弟敦良親王の外祖父になることによって、摂関の地位を安定させて息子頼通へと継承させ、政治権力を掌握することに成功した。

それでは、後一条天皇および後朱雀天皇の母后彰子の政治力とはどのようなものだったのだろうか。まず敦成親王（のちの後一条天皇）の皇太子時代についてみていくと、時の三条天皇と皇太后彰子は血縁関係がないため、彰子は専ら枇杷殿において故一条天皇の菩提を弔って過ごしており、政治的な行動はほとんど見えない。この時期の前半は彰子の子である皇太子敦成親王は内裏にいて母皇太后彰子とは同居していないので尚更表舞台には出てこない。途中で内裏が火事で焼亡してからは、皇太后彰子は枇杷殿において皇太子敦成親王と同居するようになる。

敦成親王が長和五年（一〇一六）後一条天皇として即位すると、まだ九才であったので天皇が元服するまでの間が、母后彰子がもっとも政治力を発揮した時期であったと言える。たとえば、摂政道長や頼通はこの時期には皇太后彰子御所で政務を行った例が多く見える。

また、この時期には、「母后令旨」によって決定された事項がしばしば見える。たとえば、摂政道長に随身等を賜う（『御堂関白記』『小右記』長和五年正月十三日条）、摂政道長と室倫子を准三宮となす（『小右記』『左経記』『御堂関白記』長和五年六月十日条）、前摂政道長に従一位を賜う（『御堂関白記』寛仁元年三月十六日条）、前摂政道長を太政大臣に任ず（『小右記』寛仁元年十一月二十一日条、『御堂関白記』同年十二月二十七日条）、威子を中宮に立てる（『御堂関白記』七月二十八日条）ことなどは「母后令旨」によって決定されている。すなわち、一般政務は天皇に代わって摂政道長や摂政頼通が代行して決定するわけだが、これらの摂関自身に関わることや天皇家の内部に関わることについては摂関が決定することはできず、母后が令旨によって決定していたのである。

このような母后の位置づけ、すなわち摂政より更に天皇に近い立場で天皇を補佐するという位置づけを明確に表しているのが、この時期には天皇行幸時に天皇と同輿すること、即位の儀において天皇とともに高御座（たかみくら）に登るという母后の行為に示されている。

つぎに寛仁二年（一〇一八）正月に後一条天皇が元服すると、母后の政治的関与は減少していく。しかし、関白頼通自身にかかわる事項については母后彰子が内覧しており、摂関自身が関わることができず、母后が関わっている。たとえば、病気によって内大臣頼通が関白と随身を辞退する表を奉じた際には、表と勅答が太皇太后彰子に覧じられた（『左経記』寛仁四年六月十四日条）。また、頼通の内大臣辞表に対する勅答の草・清書も本来は関白頼通に申上されるべきであるが、関白自身に関わるものなので太皇太后彰子に覧じられた（『左経記』寛仁四年閏十二月三十日条）。

さらに、人事については、叙位・除目の会議に出席できるわけではないが、大きな発言権があったことが、『小右記』寛仁四年七月十日条の「近日上下品以二女縁一所望成就耳」という記事からもわかる。

このように、後一条天皇の時代においては、摂関とは別に天皇を補佐する母后という姿を描くことができる。

さて、太皇太后彰子は、万寿三年（一〇二六）正月十九日に出家して上東門院と号され女院として遇されることになった。女院となって以降は上皇と同じく天皇から朝覲行幸を受けている。また、道長没後（万寿四年十二月四日以降）はその権力を継承したことが指摘されている。関白頼通は女院の意向を伺いながら政務を行った。その権力については、長元四年（一〇三一）上東門院の四天王寺御幸に際して、船・饗・屯食・仮屋などを国司らに賦課したことからも窺うことができる。藤原実資は、「万人経営。世以為レ奇。扈従上下狩衣装束、（中略）随身装束不レ憚二憲法一。似二忽王威一」（『小右記』長元四年九月二十五日条）と、上東門院の権力・権威の大きさを批判していることからもわかる。

その後、孫の後冷泉天皇（一〇四五―一〇六八）からも朝覲行幸を受けていた。皇太弟尊仁親王の妃決定にも関与し、後冷泉朝末期に関白を頼通から弟教通へ譲るよう定めたのも上東門院であった。このように、上東門院は、天皇家に対しても摂関家に対しても政治的に大きな影響力を維持していた。

（2）藤原道長と摂関政治

ついで藤原道長の政治スタイルの特徴を述べていきたい。近年の研究によって、道長とそれ以前の摂関では権力集中度が異なることがわかってきた。そして、道長の権力形態が院政へと継承されることが指摘されている[63]。従来、摂関政治と院政の間には断絶が認められてきたが、連続性が強調されているのである。道長によって築かれた権力形態だけではなく、宗教政策や文化政策も院政期へ継承されることが明らかになりつつある。

政務における地位

まず、藤原道長の政務における地位の特徴についてみていこう。指摘できるのは、「奏事の成立（文書処理方式）」である。「奏事」は、院政期以降、主要な政務方式になっていく。どのような政務方式かというと、本来の太政官における政務は、諸司・諸国などが上申した案件は、まず太政官の中の弁官が受け付けて審査し、その後、公卿たちが参加する外記政において審議して決裁される、もしくは天皇へ奏上されて決裁されるという手順を踏む。このような公卿以下の太政官職員の組織的な文書審査なしに、弁官や蔵人から天皇（或いは院）へ直接案件が奏聞される政務方式が、「奏事」である。その際に、摂関・内覧は天皇へ奏上される文書を事前に目通しする。すなわち、他の公卿たちが「奏事」の手続きから排除されるのに対して、摂関・内覧が他の公卿とは異なる存在であることが際立つ政務方式であると言える[64]。

この「奏事」の成立について、十世紀末から十一世紀初頭において内覧左大臣道長によって新たに創出されたことを、遠藤基郎氏が指摘した[65]。ただし、「奏事」の初見は、長徳元年（九九五）道長が内覧に補任された際の奏事吉書であるが、玉井力氏の指摘のように、後一条朝の長元年間頃より[66]、上卿を通り越して、弁や蔵人が直接関白のもとへ行き、その後天皇へ奏上するという政務方式が行われるようになるのである。すなわち、「奏事」が一般的になり、公卿が政務や儀式の実務から疎外されるようになるのは、後一条朝以降だと言えよう[67]。

後一条天皇は道長の外孫であり、その在位中は道長の権力が最高に高まった時期である。そのため、一条朝に始まった「奏事」も一般化して、政務方式として広まっていった。

道長、上東門院彰子の公卿らへの賦課

①法成寺造営において公卿たちに礎石を引かせる

ついで、道長がどのように権力を集中させていったのかを、法成寺の造営からみていこう。前述したように、道長は後一条天皇の元服および娘威子の入内・立后を行った後、仏教に傾倒していく。そのことを示すのが、法成寺の造営である。寛仁三年（一〇一九）七月十六日の阿弥陀仏像造立の発願と新堂（無量寿院）の木作始である[68]。新堂の造営は、受領一人に一間を割り当てる方式で行われた。そのことを通じて受領を摂関家家司に編成する意味もあった。このように仏堂の造営も単なる仏教への傾倒を意味するわけではなく、権力集中のためのひとつの手段でもあり、権力集中によって可能になった方式でもあった。

また、このような受領一人に一間を割り当てるというやり方は、土御門第造営の際にも取られており、寝殿一間を受領に配当している。土御門第造営に際しては、道長の家司である伊予守源頼光が調度品一切を調進したことでも知られている[69]。

寛仁四年（一〇二〇）二月二十七日には、無量寿院（中河御堂）が造立され、丈六の阿弥陀仏が安置された。その際、道長は築壇等を公卿以下に分配して人夫を集めさせた。一方、公卿・僧綱・諸大夫が自ら土を運んでいることが見える。築壇の分配は負担の賦課であるとともに、仏教の功徳を積むという意味もあったのであろう。[70]

同年三月二十二日には、無量寿院の落慶供養が行われた。続いて、閏十二月二十七日には無量寿院の十斎堂と三昧堂が建立され、十斎堂が供養されている。

治安元年（一〇二一）六月二十七日になると、無量寿院講堂が造立されたが、公卿らに礎石を曳かせている。『小右記』二月二十九日条によると、「上臈の公卿には三果、下臈の公卿には二果が課されたが、二百人余で礎石一果を曳き、二日間で曳くということである。また、鴻臚館の旧礎であるということである。ところが、近日疫病が流行り、下人が死んでしまい、残っている民はいないようなあり様である。万人悲嘆しており、誰に曳かせたらよいのだろうか」とみえる。公卿に礎石を曳かせることは公卿にとって功徳にもなるのだろうが、経済的な負担にもなっていたことがわかる。

同年七月十五日には、無量寿院の金堂の上棟が行われた。『左経記』治安元年六月二十七日条によると、この日金堂の柱が立てられたが、「可レ然人々各給預立レ之云々」とみえ、やはり然るべき人々（公卿も含むと考えられる）が分配されてこれを立てている。このように、初めは阿弥陀堂が中心で無量寿院と呼ばれていたが、講堂や金堂が造られ、一大寺院の様相を備えるようになっていく。

治安二年（一〇二二）七月十四日には、法成寺金堂供養が行われ、後一条天皇が行幸し、東宮や三后、小一条院も御幸した。十六日[71]には、三后が諸堂（阿弥陀堂・金堂・五大堂・三昧堂・十斎堂・経蔵・常行堂）を巡覧した[72]。この時、寺名が法成寺に定められた[73]。また、寺内には、道長の居所として、五間檜皮葺の寝殿が造営されていた。

治安三年（一〇二三）六月八日には、法成寺新堂（薬師堂）造立のため、関白左大臣頼通以下に礎石を曳かせた。『小右記』によると、「大納言已下、右衛門権佐家業次第触㆓示可㆑令㆑引㆑石之由㆒。関白・内大臣及家子納言・民部等兼令㆑曳。亦諸大夫同引云々。関白廿、次々有㆓等差㆒、諸大夫各一云々。穀倉院・神泉・諸司・諸寺石面展二尺余曳㆑之云々。大納言八、中納言六、宰相四云々。余不㆑可㆑引㆓寺石㆒之由戒㆓宰相㆒。余家中有㆓一石㆒、示㆓可㆑運由㆒訖。上達部役相次。万灯会後問㆑日不㆑幾、亦以目耳。多愁嘆云々」とあり、関白左大臣頼通は二十石、等差があって諸大夫は各一石曳くことになっていた。穀倉院や神泉苑・諸司・諸寺の石でひとつの面が二尺余あるものを曳くということだ。大納言は八石、中納言は六石、宰相は四石曳くというように決められた。実資は寺の石を引かないように宰相資平を戒めている。実資の家には一石あるので、それを運ぶように指示した。「上達部の役が相次いでおり、万灯会から幾日もたっていないということで、人々は耳目を驚かせ、多くが愁嘆しているということだ」とある。

同じく『小右記』同年六月十一日条にも、「上達部及諸大夫令㆑曳㆓法成寺堂礎㆒。或取㆓宮中諸司石、神泉苑門并乾臨閣石㆒、或取㆓坊門・羅城門・左右京職・寺々石㆒云々。可㆑嘆可㆑悲、不㆑足㆑言」とあって、宮中諸司の石および神泉苑の門や乾臨閣の石、坊門・羅城門・左右京職・寺々の石も曳いたことがみえ、実資が嘆息している。

また、同年九月十二日には、実資の養子伯耆守藤原資頼が、法成寺の築垣を命じられている。このように、道長の法成寺の造営に際しては、公卿や受領に対して経済的負担を掛けていたことがわかる。同年十二月二十三日には、法成寺新堂（薬師堂）に仏像を安置し、万寿元年（一〇二四）六月二十六日には、法成寺薬師堂供養が行われた。これで、法成寺の主要な部分の造営は終了したが、その後も、同年十一月九日には、法成寺の垣が築かれており、その修造は継続されていったことがわかる。

このように、法成寺の造営を通じて、道長は権力を集中していったのであるが、権力を集中することによって、道長は法成寺を造営することができたとも言える。その法成寺であるが、従来の寺院とは異なるところがあったことが指摘されている(74)。

ひとつには、法成寺の前身である無量寿院の時期から、九体阿弥陀堂を中心とする従来にない様式の寺院であり、浄土信仰に基づく新しい建築様式の寺院であった。この新しい建築様式は、院政期の白河や鳥羽における阿弥陀堂へと継承されていく。

しかし、浄土信仰に基づく新しい建築様式でありながら、寺院としては金堂・講堂が備わっており、仏法護持・鎮護国家を目的とした寺院であった。このように阿弥陀堂はあるが、金堂・講堂を中心とする構造であった点は、院政期に白河に造営された六勝寺のひとつである法勝寺の伽藍配置へと継承されていくのである。

また、法成寺は特定の宗派によらない新しい形態の寺院であったことも特徴として挙げられる。特定の宗派によらないことによって、法成寺は寺院勢力の統括を行う存在へとなっていった。

②儀式・行事への経済的奉仕を公卿らに負担させる

道長が権力集中する方法として、儀式や行事の経済的奉仕を公卿らに負担させるというやり方もあった[75]。たとえば、寛仁二年（一〇一八）十二月十四日から道長が二親のために土御門第において法華八講を行った時には、大納言以下に僧前（僧侶に対する饗膳）を割り当てている。『小右記』同年十一月十二日条によると、実資が聞いたところでは、初めこの八講は十二月十二日から始められる予定で、大納言以下に僧前が割り当てられた。僧前は法華八講の五巻日の僧綱講師三人分（各九合）および聴衆三人分（各六合）で、僧綱講師には懸盤各二脚が加えられ、聴衆には懸盤各一脚が加えられた。僧前は左右大臣と実資には割り当てがなかったということだった。左兵衛督頼定も病気のため割り当てがなかった。ところが、僧前一人分がまだ割り当てがされておらず、実資から申請があれば、割り当てようかということだった。そこで、明日宰相資平に参上して事情を伺うように言い含めた。翌十三日夜に宰相資平が養父実資の元に来て言うには、八講の僧前のことを大殿道長に申し上げたところ、大殿道長は、上臈の公卿に割り当てるのは都合がよくないので、消息を待っていたのだ、僧前を供ずることは甚だ善いことだと仰った。実資は日頃道長の公卿への賦課に対しては批判的な立場を取っているのだが、自分だけ割り当てがないということになると、それはそれで微妙なようで自ら割り当てを申請しているのが興味深いところである。

同十一月十五日条によると、実資は道長家司の章信朝臣のもとに御八講僧前の数と種類・日にちなどについて問い合わせている。その結果、第三日の僧前で、証誠一人分（十二合、米を入れる、懸盤二脚）

および講師一人分（九合、米を入れる、懸盤二脚）、聴衆五人分（各六合、米を入れる、懸盤一脚）であることがわかった。その後、この法華八講は十二月十四日から行われることに変更された。そして法華八講第三日である十二月十六日に、実資は僧前八人分を大殿八講行事所に送文とともに送っている。

また、僧前以外にも、実資らの公卿や殿上人は、法華八講の五巻日（第三日）の捧物も奉じている。『小右記』同年十二月七日条によると、実資は、宇治良明宿祢が捧物用の香炉を持ってきたので禄（山吹の綿衵と大褂等）を賜った。この香炉は、先に銀二十五両を与えて打たせたところである。五巻日である十二月十六日条によると、きらびやかで贅沢な捧物についての記述がある。太皇太后彰子・皇太后妍子・中宮威子の捧物は金銀でないものはなく、山形や孔雀・象形を成しており趣きが深く言葉では言い表せないようなものであった。道長北の方倫子と高松殿明子の捧物もあり、銀を用いたものであった。また、蔵人頭経通によって内裏（後一条天皇）の捧物（砂金二百両を唐綾で包み柳筥に盛ってある）が遣わされてきた。また、宮々（三后）は捧物以外に銀別盤も奉じた。道長の捧物は、金で造られた尋常飲器で、大きな柑子の枝（これも金製）が付けられていた。これ以外にも、北の方は四十四具の法服、摂政頼通は褺装束三十四具、左大将教通は褂三十四領、中宮大夫斉信は打懸袈裟三十四條、師中納言隆家は褂三十四領などを調えた。上達部と殿上人の捧物は仏前に置かれた。上達部の捧物の多くは銀の香炉で、枝が付されたり、五葉枝が付されると言った贅沢なものだった。

このように、道長や上東門院らが儀式や行事を行うたびに、公卿らに経済的賦課が加えられたのである。

治安元年（一〇二一）十二月二日に道長正室倫子が法成寺西北院を供養した時も（雨により二日は開眼だけで、翌三日に仏事を修した）、『小右記』同年十一月二十三日条によると、内大臣教通が関白頼通の命を伝えて、十二月二日に倫子が供養する際の座主慶命の僧前を用意するようにということだった。また、十一月二十九日には備中守済家が倫子の使として来て、十二月二日供養に参上するようにと伝えたので、実資は謹んで承る由を答えた。実際、十二月二日に実資は僧前（高坏十二本、打敷を加えた。机廿前、手作布五十端）を調備して法性寺座主慶命のもとへ送っている。また、十二月三日の仏事には参上している。それに対して十二月十一日には倫子の使修理大夫済政が来て実資の堂供養への参会を謝している。

また、前述した治安二年（一〇二二）七月十四日の法成寺金堂供養の日には、「依二禅閤御消息一奉二僧前一。是講師天台座主権僧正源心料者（高坏十二本、折敷・懸盤饗廿前、大破子六荷、手作布百段云々）」[76]とあって、道長からの要請によって、実資は、講師天台座主僧正源心用の僧前を奉じている。これとは別に、実資自身からの贈り物として「幡（母屋三流）」を養子の宰相資平に付して送っている。

治安三年（一〇二三）十月十三日に土御門第において行われた太皇太后彰子主催の道長正室倫子の六十賀に際しては、「又云（伴興忠）、北方賀料綾褂一重可二調奉一之由、有二太后令旨一、亮済政書レ之。近来天下人手足難レ措云々」[77]とあって、太皇太后彰子の令旨によって北方賀料として綾褂一重を奉じるようにとの命が実資に対して下った。さらに実資の養子資平には皇太后（妍子）宮司（権大夫）であることから、「尼夏御装束」を調えることが割り当てられている。この行事には、皇太后妍子や中宮威子も参加しているのである。実資養子の資平は、「諸卿退散後、民部卿（源俊賢）云、期日近々、所課多由、諸人必有レ所レ申歟、禅閤一切無二承引気一[78]」とあって、民部卿源俊賢が所課の多いことを指摘したが、道長は一切受け付けなかったと言っている。

③公卿への文化的賦課

以上のように、道長は公卿たちに経済的な賦課をかけていき権力を集中していった。一方で、道長は文化的な賦課も公卿たちにかけていった[79]。そのひとつが、長保元年（九九九）十一月一日には道長長女彰子が一条天皇のもとに入内したが、第一章でも見たように、公卿らに和歌を詠ませ屏風に仕立てて持たせたことが著名である。『御堂関白記』長保元年十月二十一日条に「四尺屏風和歌、令二人々読一」とある。『小右記』十月二十三日条には「源相公為二左府使一来、授二屏風和歌題一。其詞云、可レ読二倭歌一者。左右更難レ申二御返事一、只陳下可レ申二自是一由上。上達部多分二得件題一云々。又給二非参議能歌者一云々。上達部役可レ及二荷汲一歟」とあって、実資のところには二十三日に使の源俊賢がやって来て、和歌の題を示して和歌を詠むように言ったとある。実資はお返事を申しがたいと言っている。上達部の多くと非参議の歌を能くする者が歌の題を賜ったのであり、上達部の役が荷汲に及ぶべきかと指摘している。

このように公卿たちは和歌を詠むことを命じられたのだが、『御堂関白記』十月二十七日条には「屏風歌、人々持来」とみえ、和歌が集まってきたことがわかる。『小右記』では十月二十八日条に、「彼此云、昨於二左府一撰二定和歌一。是入内女御打二屏風一歌」と二十七日に道長のところで和歌の撰定があったことが記されている。「華山法皇、右衛門督公任、左兵衛督高遠、宰相中将斉信、源宰相俊賢、皆有二和歌一。上達部依二左府命一献二和歌一、往古不レ聞事也。何況於二法皇御製一哉。又有二主人和歌一云々。今夕有下被レ催二和歌一之御消息上。令レ申二不堪由一。定有二不快之色一歟。此事不二甘心一事也。又右衛門督是廷尉異二凡人一。近来気色猶似二追従一。一家々風豈如レ此乎」とみえ、花山法皇や公任、高遠、斉信、俊賢らが和歌を献上したことについて、実資は、公卿が左大臣の命によって和歌を献上するのは往古聞かないことである。ましてや法皇の御製までとは、と憤慨している。

また、今夕和歌を催促する消息が道長からあったが、実資は和歌には堪能ではない由を申し上げさせた。道長は定めて不快のご様子だろうと言っている。そしてこのこと（公卿が和歌を献上すること）は感心しないことであると述べている。和歌は『古今和歌集』の昔から専門歌人が詠むものであって、まして左大臣という臣下の命令によって公卿が和歌を献上するものではないというのが実資の信念だったと考えられる。

さらには、自分と同じ小野宮流の公任が廷尉（検非違使）という凡人とは異なる官職に就いているのに、近頃の様子は道長に追従しているようである。（小野宮流の）一家の家風がどうしてこのようであろうか、嗟かわしい、痛きかなと嘆いている。

『小右記』十月二十九日条によると、和歌のことについて、源相公（俊賢）を通じて、道長から譴責があったが、実資は重ねて不堪の由（和歌には堪能ではない）を申し上げたとある。公卿が和歌を献上することに対して、実資にはかなり抵抗感があったことがわかる。

『小右記』十月三十日条では、右大弁行成が屛風の色紙形に、花山法皇、左大臣道長、右大将道綱、右衛門督公任、宰相中将斉信、源宰相俊賢の和歌を書いたことがみえる。[80] 名を書いたので、後代に面目を失したと実資は書いている。法皇の御製は読み人知らずとしたが、左府道長は左大臣と書いた。このことは奇怪なことであると述べている。主人の左大臣道長は実資に和歌の献詞を催促したが、実資は承引しなかった[81]。公卿が和歌を献上することだけではなく、『小右記』十一月二日条によると、「去夜、左大臣女（年十二）、自二西京一入内。上達部多相送云々（大納言時中、道綱、懐忠、中納言時光、惟仲、参議懐平、輔正、誠信、忠輔、斉信、俊賢）。末代公卿不レ異二凡人一」とあって、十一月一日夜に道長娘彰子が入内する時に、多くの上達部が見送りを行ったことについても、「末代公卿不レ異二凡人一」と言って大変嘆いている。公卿であることについての自負心は『小右記』において特に強調されているのだが、道長の公卿たちへの賦課が経済的にだけではなく、精神的にも圧迫が加えられていく様が伺えて大変興味深い。

また、『小右記』十一月二日条には、「左衛門督公任、今朝参二西京一。又向二内直廬一、巡二検装束一。廷尉職太厳重、不レ可レ然之事也」とあって、同じ小野宮流の左衛門督公任が道長・彰子の方違え先である西京へ参上し、内裏の直廬に向かって装束を巡検したことを、検非違使の職は大変厳重なものなので、そのようであってはならないと批判している。実資は実頼以来の小野宮流を重要視していたことがわかる。このように、実資のプライドは、公卿であること、および小野宮流であることにあったと考えられる。

さて、道長の公卿への文化的な賦課としては、寛仁二年（一〇一八）正月二十三日の関白内大臣頼通の大饗用に倭絵屛風を新調し、色紙形に書かせる漢詩と和歌を公卿たちに献上させたケースも挙げられる。『御堂関白記』寛仁二年正月二十一日条によると、摂政頼通が大饗用の屛風に書く漢詩と和歌を持って来て、上達部たちと撰んだことがみえる。按察大納言斉信と四条大納言公任の漢詩は各五首みな上と判断されるので入れたこと、広業・為政・義忠・為時法師らの漢詩は選んで各二三首を入れたこと、この人たちのものの中には心吉からぬものもあったこと、和歌は輔親・輔尹・江式部（和泉式部）らのものを相定めて入れたこと、これらの人たちのものの多くは心吉いものではなかったこと、道長自身のものも少々入れたことなどが記されている。正月二十三日条を見ると、この日が摂政頼通家の大饗で、新しい屏風に侍従中納言行成が色紙形に書したものが持って来られている。二月六日条には、侍従中納言行成が摂政家の屏風の詩歌を書き出して道長のもとに持参したことが見える。

『小右記』正月二十一日条では、摂政が新調した大饗用の四尺の倭絵屏風十二帖を持参したこと、画工は織部佐親助で、色紙形に漢詩と和歌を書くのだが、その漢詩と和歌が今日献上されるとある。漢詩と和歌の作者は『御堂関白記』と同じである。ただし、大納言公任は遅刻して漢詩を出さなかったので、道長が頻りに催促したため、公任は興ざめの気配になって途中で退出してしまい、息子の右中弁定頼に書き出させた。公卿たちが多く参会した。侍従中納言行成に書かせることになったが、行成が言うことには、明後日の大饗までに書き出すことはできないとのことだった。両納言（斉信と公任）の漢詩は評定せず、その他のものを撰定することになった。相定められている間に下臈の上達部は分散した。□（斎カ）主（輔親カ）の和歌は明日定められるということだ。

そして、「非二儒者一上臈公卿依二下官命一作二屏風詩一如何。不レ異二凡人一。就レ中公任卿故宮（藤原遵子）候。周忌内有二此興一、如何」とあって、儒者ではない上臈公卿が下官（臣下）の者の命によって屏風用の漢詩を作るのは如何なものか。凡人に異ならないではないか。就中、公任卿は故宮（太皇太后藤原遵子）に伺候していたのに、一周忌内にこのようなことをしてよいのか如何、と厳しく批判している。ここにも漢詩を作るのは儒者の役割であり、上臈公卿が下官の者の命によって屏風用の漢詩を作ることを非難している。公卿たる者は、凡人とは異なる特別な立場であることを強調しているのである。また、同じ小野宮流の公任への批判も忘れていないところが実資らしい。

なお、この頼通の大饗の屏風用の漢詩と和歌については、『左経記』寛仁二年正月二十一日条にも見え、按察大納言（斉信）と四条大納言（公任）が、大殿（道長）において、摂政頼通の大饗用屏風の漢詩と和歌を撰定したこと、侍従中納言（行成）に書かせたことが記されている。漢詩の作者については、他の日記と比べた場合、為時法師がないこと、和歌の作者について、大殿（道長）と四条大納言（公任）が含まれている点が『御堂関白記』『栄花物語』巻十三ゆふしてと同じであり、情報源が同じであると考えられる。

以上のように、道長は公卿たちに経済的な負担だけではなく、文化的で精神的な負担を強いており、それを通じて道長と他の公卿たちの間の格差を広げていった。

④ 道長、公卿らを従え、賀茂祭などを見物

道長の権力集中を示す事象としては、公卿らを従えて賀茂祭を見物したり、摂関賀茂詣を行ったことも挙げられる[82]。実はこのような公卿らを従えての見物は道長以前の摂関には見られないことだった。道長自身も一条朝前半までは妻子や親しい公卿らと小規模に見物していたのだが、一条朝後半になると、道長の見物場所に公卿らが参集してともに賀茂祭等を見物するようになる。例えば、寛弘四年（一〇〇

七）四月二十日条の『御堂関白記』を見ると、道長は内大臣公季と東宮傅道綱と同道して賀茂祭（還立？）を見物したが、上達部十余人が同道したとある。また、寛弘六年四月二十四日条の『権記』では、賀茂祭の道長の棚（桟敷）に藤原道綱・斉信・隆家・頼通・正光・源経房・藤原行成・兼隆・源俊賢ら九人の公卿が集まっている。

このように公卿らが道長の桟敷に集まって賀茂祭などを見物するようになるのは、この時期から道長に権力が集中してきたことを表わしている。そしてこのように道長の見物所に公卿らが参集して見物するやり方は、院政期の院へと継承され、さらに大規模化して儀式化していくのである。

また、賀茂祭以外にも道長が公卿らを従えて行う行事がある。それは、摂関賀茂詣である。摂関賀茂詣は、藤原時平が賀茂祭当日に賀茂社へ参詣したことに始まり、藤原頼忠からは中申日に固定化した。ただし、当時は摂関に限らず、他の公卿も参詣しており、道長が内覧になった当時も右大臣藤原顕光が参詣していたが、一条朝後半になると他の公卿は参詣しなくなる。たとえ参詣したとしてもそれは個人的なものだった。一方で、道長の参詣は公卿らを従えたものとなり、大規模化していく。寛仁元年（一〇一七）四月十六日条の『御堂関白記』によると、道長と前年に摂政を譲られた頼通がともに賀茂詣を行い、頼通には上官と借随身が従い、頼通弟の教通と頼宗も同行したが、「上達部十四人皆乗車」とあって公卿十四人が同道していたことがわかる。このように道長は他の公卿たちを従えて賀茂詣を行うようになり、賀茂詣を独占していくのである。(83)

⑤道長の都市プラン――東朱雀大路と法成寺の造営

道長が権力集中したことによって、平安京の都市プランにも変化があった。道長の本邸である土御門第は、平安京の北東部である左京一条四坊十五・十六町にあり、平安京東端にあたる。道長の造営した法成寺は、土御門第とは平安京東端の東京極大路を挟んで東側にある。すなわち、法成寺は平安京外にあるのであり、東京極大路と鴨川の間に造営されたのである。このように、時の権力者である道長が造営した法成寺が平安京内ではなくて平安京外にあったのは、平安京に遷都した桓武天皇が平安京内には東寺・西寺以外は寺院を置かないことを原則としたからであった。この原則は室町時代まで守られることになる。

さて、道長時代に、東京極大路と鴨川の間は、京の条坊制を拡大した直線道路によって区画されることになった。特に、法成寺南門から南へ二条大路の延長線までの直線道路は、東朱雀大路と呼ばれ、平安京における朱雀大路のように、その地帯の中心道路となった。東朱雀大路の南には、道長の父兼家が造営した法興院があった[84]。

このように、平安京外に条坊制を拡大していき、寺院などを造営することは、院政期の白河や鳥羽に継承されていき、平安京を補完する都市空間が築かれていくことになった。その端緒となったのが、道長時代の東朱雀大路と法成寺の造営であったのである。

⑥　即位式における摂関と母后の登壇

以上のように権力集中した道長は天皇に極めて近い立場となっていった。外孫である後一条天皇が即位すると、道長は公卿の列には加わらず、御簾の内にいることが多くなった。たとえば、『小右記』寛仁二年（一〇一八）十一月二十五日条の賀茂臨時祭試楽において、お召しにより諸卿は天皇御前に候じるのだが（摂政頼通は先に御前に伺候して諸卿を召さしめた）、前太府（道長）は御簾中に伺候している。また、同寛仁三年正月二日条によると、中宮大饗・東宮大饗の前に、摂政頼通および左大臣顕光以下侍従（殿上人）は中宮威子および東宮敦良親王のもとに参上して拝礼を行ったが、拝礼の間太閤道長は両宮の簾中に伺候していたとある。

また、『小右記』寛仁二年六月二十日条には、「当時太閤徳如二帝王一」とあり、同治安二年（一〇二二）五月二十六日条には関白頼通が道長を高陽院に迎える様が天皇行幸のようで、「天似レ有二二日一」と形容されている。

このように、摂関の地位が天皇の地位に近づいたことを象徴するのが、即位式において摂政は母后とともに高御座に登り、関白は高御座の下に座を占めるという即位式における摂関の立場である。

その成立過程については末松剛氏の研究に詳しいが[85]、それによると、史料的に母后が幼帝の即位時に高御座に登ったのは、後一条天皇即位時の母皇太后藤原彰子である。その際、摂政左大臣道長は、大極殿の北廂東幔内に伺候していた。そもそもこの北廂東幔内は皇后の座であったのが、朱雀天皇即位時に皇后藤原穏子の座が北廂東幔内から北廂西幔内に移動して、かわって摂政左大臣藤原忠平が北廂東幔内に伺候した。摂政の座が北廂東幔内に定着するのは摂政兼家の時だと推測されている。

摂政の座が高御座の第二層（中層）に変化するのは院政期で、堀河天皇即位時の摂政師実、鳥羽天皇即位時の摂政忠実からであり、これは白河院主導によるもので、摂関家の地位を明確化する狙いがあったとされる。また、この点についても道長の方針が院政期へと継承されていくことがわかる。

一方、関白の座が高御座の下になるのは、後朱雀天皇即位時からで、関白頼通は北廂東幔内に座があったと推測されている。

以上のように、即位式において幼帝の際に母后が幼帝とともに高御座に登り、摂政が北廂東幔内に座を占めることが史料的に確認できるのは、後一条天皇即位時からであり、成人の天皇即位の場合に関白が北廂東幔内に座を占めるようになる初例は後朱雀天皇即位時である。天皇即位儀において、他の公卿たちが大極殿内には入れず（ただし、摂関期になると公卿たちは即位式を見物するようになる）、朝庭に立ち並ぶことを考えると、摂関と他の公卿たちの立場の差は歴然としている。

このように、摂関の位置づけは、道長・頼通の時に天皇に近づいていったと言えよう。そしてそれは、道長が権力集中を行い、他の公卿たちとは隔絶した地位を築いたことが契機となっている。

外孫である後一条天皇の時期の道長は、前述したように、天皇の母后彰子とともに御簾の中にいて、公卿の列には加わらないことが多くなる。

こうして摂関家は成立するのだが、摂関家成立の意義は、道長・頼通の血筋に摂関の地位が固定化したことや家格の成立の問題ではなく、他の公卿たちとは隔絶した地位を築いたことによってもたらされたと言える。

院政期になると、摂関家は、貴族社会において天皇家に次ぐ家柄となっていく。陽明文庫には『御堂関白記』が保管され、摂関家は道長に始まるという意識が醸成されていった。また、摂関家は院と同じく儀式などを行う際に、御教書（院の場合は院宣）を用いて諸国所課を行い、諸国に対してモノやヒトを賦課することができた[86]。さらに、王家（院・女院）と摂関家だけが立荘を行い、荘園を成立させることができたのである[87]。

なお、本第二節（2）項の冒頭で述べたように、道長の権力形態が院政へと継承されることが近年上島享氏によって指摘されている[88]。従来、摂関政治と院政の間には断絶が認められてきたが、連続性が強調されているのである。道長によって築かれた権力形態だけではなく、宗教政策や文化政策も院政期へ継承されることが明らかになりつつある。

また、道長は摂政を息子頼通に譲り、太政大臣を辞して以降も、大殿として政治的影響力を持ち続けたことで有名であるが、この大殿制が天皇が譲位した後も治天の君として権力を掌握する院政という政治形態に影響を与えたのだと考えられる。

第三節　藤原実資と摂関政治

（1）藤原実資の生涯

つづいて、この時期の公卿代表として藤原実資からみた摂関政治について、実資自身の日記『小右記』や『御堂関白記』などの日記から見ていこう。まずは、実資の生涯を確認していく[89]。

藤原実資について

藤原実資は、天徳元年（九五七）藤原実頼の三男斉敏の四男として生まれた。しかし、父斉敏が実資十七才の時に亡くなったこともあり、祖父実頼の養子となった。安和二年（九六九）にまだ父斉敏が生きている時に十三才で元服し、従五位下侍従に任命された。摂関の子弟としては通常の叙位・任官であったと考えられる。天禄二年（九七一）には右兵衛佐、同四年（九七三）には右近衛少将となり、高級貴族の昇進ルートである近衛コースに乗ることになった。そこには祖父で摂関であった実頼の養子という立場が影響しているのかもしれない。

天元四年（九八一）には、円融天皇晩年の蔵人頭に補任された。時に関白は伯父の頼忠だった。永観元年（九八三）には、左近衛中将となり、順調に昇進している。同二年（九八四）には、花山天皇が即位するが、外祖父伊尹はすでに亡くなっていたので、関白は頼忠が務め、実資も蔵人頭に再補任された。

永延元年（九八七）には、一条天皇が即位し、いよいよ外祖父の兼家が摂政となり権力を振るうことになる。この時も、実資は蔵人頭に再補任されている。実資の実務的能力が認められていたのか、兼家は自分の息子たちを蔵人頭にはせずに公卿として昇進させていく。

永祚元年（九八九）に実資は、蔵人頭と左近衛中将の労によって参議となった。時に三三歳。当時の高級貴族としては通常の昇進スピードではないだろうか。永祚二年（九九〇）には、従三位に進んでいる。

長徳元年（九九五）には、兼家没後摂関の地位を継承していた息子の道隆が亡くなり、一条天皇は悩んだ結果、母后詮子の推薦もあって、道隆の子伊周ではなく道隆の弟道長に内覧の宣旨が下った。同年に実資は権中納言となった。この年は疫病が流行したため、公卿の中でも亡くなる人が多く、昇任人事が行われ、公卿の構成が大きく変化した年でもあった。

つづく長徳二年（九九六）には長徳の変が起き、伊周と隆家が失脚して人事が行われ、公卿の中にも変化が表れた。実資はこの年の人事の一環で中納言となり、検非違使別当、右衛門督、太皇太后宮大夫などを兼任していたが、途中で検非違使別当と右衛門督を辞した。

それから五年後、長保三年（一〇〇一）に実資は権大納言・右近衛大将となった。つづいて、寛弘六年（一〇〇九）には大納言に昇進した。この大納言時代に実資はさまざまな行事の上卿となってその手腕を発揮することになる。大納言時代が長く二十年におよぶのだが、治安元年（一〇二一）に実資は漸く右大臣に昇り、皇太弟傅（皇太弟は敦良親王、のち後朱雀天皇）となった。その後、後朱雀朝の長久四年（一〇四三）に右近衛大将を辞すが、寛徳三年（一〇四六）に薨去するまで右大臣であり続けた。結局右大臣としても二十五年におよぶまで勤め上げたことになる。右大臣になったのは、まだ道長が生きていた時であったが、その後長年にわたって関白頼通は姉の上東門院彰子や右大臣実資に問い合わせて政治を行っていた。実務的なことは一上である実資に任せており、除目の執筆も実資が頼通の弟教通とともに務めている。実資の晩年には孫の資房（養子資平の息子）が後朱雀天皇の蔵人頭を務めており、資房の日記『春記』には、老齢になった実資が朝廷に出仕してくるのに対して厳しい眼差しを向けている資房の姿が記録されている。実資が亡くなったのは後冷泉朝で九十歳、時に右大臣であった。

小野宮流について

藤原氏の中で実資の系統を小野宮流と言う。故実の系統でもある。実資の祖父にして養父の実頼は、摂関政治の枠組みを築いた摂関家の祖と呼ばれる藤原忠平の長男であった。忠平は朝儀にも詳しく、その故実を長男の実頼と次男の師輔に伝えたとされ、それを受け継いだ実頼の系統を小野宮流と呼び、実頼は日記『清慎公記』を書き伝え、その養子である実資は『小右記』を書いた。また実資は、儀式書である『小野宮年中行事』も編纂している(91)。

図２−４　小野宮第故地（撮影：倉本一宏）

一方、実頼の弟師輔は後宮政策がうまく機能して、娘である村上天皇の中宮安子は冷泉天皇と円融天皇という二代の天皇の母后となった。そのため、摂関家の主流はこちらの九条流が担うことになった。道長も師輔の子孫に当たる。師輔は日記『九暦』を書き残し、儀式書『九条年中行事』を編纂した。孫の道長は日記『御堂関白記』を残している。

また、小野宮流の邸宅を小野宮第と言い、平安京の大炊御門南、室町東にある邸宅であった。小野宮第は実頼の本宅で実資に伝領されたものである。『大鏡』上には、「この小野宮をあけくれつくらせたまふこと、日に工の七八人絶ゆることなし、世の中に手斧の音する所は、東大寺とこの宮とこそははべるなれ」と書かれており、邸宅として有名だった。摂関期にはまだ「家」が成立しておらず、邸宅などの財産は必ずしも父系で継承されていくわけではなく、この小野宮第も実資の娘千古に伝領され、千古はこの邸宅で祐家（藤原道長の息子頼宗の息子）を聟として迎え、その後も母系で伝領されていく。(92)

『小右記』について

さて、実資の日記『小右記』についてその概要をみておくと、実資が『小右記』を書き始めたのは、貞元三年（九七八）で実資が二十二歳で円融天皇の蔵人頭になる直前のことだった。また、実資が『小右記』を書き終えたのは、長元九年（一〇三六）ですでに右大臣になっており、八十歳の時であった。『小右記』中でも記事がまとまって残されているのは、天元五年（九八二）から長元五年（一〇三二）までの間である。(93)

（2）実資の仕事ぶり

後一条天皇の賀茂社行幸

『小右記』の特徴として、道長に阿諛、追従する人々への批判や、道長・頼通への批判が記されていることで著名である。ただし、土田直鎮氏が指摘しているように、実資には道長を倒して自分がその地位に就こうという野心はない。(94)時には厳しい批判の言葉を書き、文句を言いながらも、道長から命じられた儀式や行事の上卿を務めているのである。

よく言われるように、実資は大変有能な官人であり、それは『小右記』の記事が『御堂関白記』などの記事と比較すると分量も内容も大変充実していることからもわかることである。その有能ぶりは、時期によってやや異なる形で発揮され、記録されている。

例えば、前述したように、実資が大納言時代には儀式・行事の上卿をよく務めている。この時期には道長の外孫である後一条天皇がいよいよ即位するという時期で、道長は重要な儀式・行事の上卿を実資に命じている。

例えば、寛仁元年（一〇一七）後一条天皇の賀茂社行幸に際しては行事所上卿を務めているがその時の様子を『小右記』から見ておこう。長和五年（一〇一六）に道長の外孫で中宮彰子が生んだ一条天皇皇子である後一条天皇が即位した。即位関係の行事として石清水・賀茂社行幸が行われることになった(95)。

寛仁元年（一〇一七）正月八日に摂政道長は、大納言実資に石清水・賀茂社行幸の上卿を務めるよう内命を下した。翌日正月九日に行事所が設置され、行事弁に左少弁源経頼、行事史に左大史丹波奉親、行事宰相に参議藤原公信が任じられた。

行事の日時は、石清水社行幸は三月四日（のち三月八日に変更）、賀茂社行幸は八月十九日に定められた。なお、石清水社行幸が行われた時期の『小右記』は残念ながら記事が残されていない。

賀茂社行幸に関して言うと、七月になると、親族の喪により、行事弁・史が交替することになり、権左中弁藤原重尹が行事弁、右大史伴惟信が行事史になった。一方で、神宝の調達や賀茂社の修理、天皇御座所の新築、御輿の検査・修理、諸国に賦課した召物の督促、諸国弁済使など出先機関との折衝などが、行事上卿である実資を中心にして行われた。

八月になると、天皇の物忌により行幸が延引されることになり、十一月二十五日に変更されることになった。

十一月九日になると、行幸お祈りのために、伊勢以下七社に奉幣が行われ、天皇御願により伊勢神宮に朝明郡を寄進することになった。

十一月十日には、行幸お祈りのため、石清水以下十社・七大寺・延暦寺において仁王経の読経が行われた。

十一月二十三日には、舞楽の予行演習が行われ、宣命の草案が作成された。後一条天皇母の皇太后彰子の意向により賀茂上下社に神郡各一郡寄進したいということだったが、結局、上下社に一郡愛宕郡を寄進することに変更されることになった。寄進が予定されている山城国愛宕郡には平安京をはじめ役所や役所の所領、貴族たちの所領などが複雑に入り組んでおり、一郡を寄進することで手一杯であるので、このような結論になったのである。このように、行幸の上卿にはさまざまな問題が突きつけられるのであり、簡単に処理できるものではなかった。

十一月二十四日になると上卿実資は、行幸に備えて沐浴潔斎を行っている。十一月二十五日が賀茂社行幸当日である。上卿実資は、まず、賀茂社へ奉じる宣命の清書を摂政頼通に奏上している。巳二刻（午前九時半）になると、後一条天皇は紫宸殿（里内裏なので実際には一条院南殿）に出御した。そこで、天皇は葱花輦（輿）に乗り、母皇太后彰子も同乗し、公卿らは行列を作って進んでいく。

午刻（十二時）に、天皇一行は下賀茂社に到着した。昼食後に、天皇は御禊をし、その後賀茂社の祭神に御拝を行う。上卿実資は神前で両段再拝（四拝）し、宣命を読み上げ、両段再拝する。そして、御幣・神宝を奉り、御馬を三度ひきめぐらし、東遊・神楽・舞楽を行った。最後に、禰宜・祝に加階し、社司・神人には賜禄を行った。

夕刻には、天皇一行は上賀茂社に参り、下社で行ったものと同じ儀式を行った。その後、天皇は内裏に還御し、丑一刻（午前一時）に実資は退出した。

図2－5　京都御所紫宸殿左近陣（撮影：倉本一宏）

十二月三日には、行幸行事賞の加階が定められた。上卿実資は皇太后彰子の意向による愛宕郡一郡を賀茂社に寄進する件について、調査などを行っている。前述したように愛宕郡の中には、平安京はじめ官司やその所領、貴族や寺社の所領などが入り混じっており、それらを除外して残りの土地を上下賀茂社に分配しなければならないのである。そのためには、複雑な調査が必要であった。

そしてそれらの調査に基づいて愛宕郡の寄進について漸く実資が陣定を行うに至ったのは、一年後の寛仁二年（一〇一九）十一月二十五日であった。公卿十二名が参加した。その頃の陣定は、上卿が開催を決めても参加公卿が集まらず、延期になることがしばしばだった。公卿が十二名参加したのは多い方だと言えよう。

その陣定において、愛宕郡の賀茂郷以下の四郷を上社に寄進すること、栗野郷以下の四郷を下社に寄進すること、神田・寺田・勅旨田・氷室などを除外することが定められ、定文が作成された。このように、実資の各方面に対する配慮の結果、漸く寄進地が定められたが、又しても延暦寺などから抗議が起こり、寄進は保留されることになった。そして、正式に寄進が決まったのは、寛仁三年（一〇一九）七月九日に太政官符が下された時まで待たなければならなかった。ただし、太政官符の日付けは、陣定が行われた寛仁二年十一月二十五日であった。

このように、後一条天皇の賀茂社行幸は、実資の有能な上卿ぶりがよくわかる例である。

娍子立后

ついで、三条天皇時代の実資の仕事ぶりを見てみよう。[96] 三条天皇は、寛弘八年（一〇一一）病気になった一条天皇から譲位された。自らの皇子がいたが、皇太子には一条天皇の子で道長娘の中宮彰子が生んだ敦成親王が立つことになった。三条天皇は左大臣道長に関白就任を打診したが、道長が断ったため、内覧の宣旨を下すことになった。一条朝では、道長は当初大臣ではなかったこともあり、また一条天皇の意向もあったのだろうが、終始関白にはならず内覧の立場に留まることになった。三条天皇は一条天皇とは異なり、道長を関白とすることに躊躇しなかったが、今度は道長の方が関白ではなく、内覧で左大臣の地位を選んだのである。一条朝を通じて道長は左大臣であることに利点を見出したのであろう。それは、左大臣となって太政官を押さえることであったと思われる。その後、三条天皇が眼病になって道長を准摂政に補任した時にも、左大臣は辞めないということを念を押していることからも、道長の考え方を窺うことができる。この辺りに、一般の政治家とは異なる道長の政治家としての力量が窺える。

　このように初めから三条天皇は道長と対立していたわけではなかった。しかし、寛弘九年（一〇一二）立后事件を機に、三条天皇と道長は対立していくことになる。この年に故一条天皇の中宮彰子が皇太后となり、道長の娘で三条天皇の女御となっていた妍子（彰子妹）を中宮に立てることになった。しかし、三条天皇は成年になってから即位したため、他にも妃がいた。特に女御となっていた藤原娍子（済時娘）には三条天皇との間に複数の皇子女がいた。三条天皇は娍子をも立后させたいと願い、道長も結局賛同せざるを得なかった。その結果、道長娘妍子を中宮に、娍子を皇后とすることになった。

　事件は娍子の立后の日に起きた。『小右記』長和元年（一〇一二）四月二七日条によると、内竪が実資第に来て、大臣が三人とも来ないので代りに参内せよ、との三条天皇の命令を伝えた。実は、娍子立后の日と中宮妍子が東三条院から参内する日が重なってしまっていたのである。このように行事が重なったため、道長を憚って誰も行かないのだと実資は思い、「天無㆓二日㆒、土無㆓二主㆒」と決心して参内した。

　その結果、実資が立后儀の上卿を務めることになった。参内した公卿は三人のみだった。この日参内した中納言隆家はこの日皇后宮大夫に補任されることになっており、参議懐平は実資の兄であり、参議通任は娍子の兄で数少ない親族だった。他の公卿たちは道長娘中宮妍子の参内の儀へ参加したのであった。

実資が東三条院に召使を派遣して公卿の参内を促しても、そこにいた公卿たちは召使を罵辱するありさまだったという。また、立后の宣命案を道長の元に送ると、訂正を要求してきた。儀式の諸役の官人たちも不参で、『小右記』には「今日事猶二以レ水投レ巌、是依二相府気一也」とあって、道長の仕業と考えられた。啓陣（皇后の警固を六衛府次官に命じる）にも六衛府次官が参列しないので、致し方なく外記に申し渡すことに替えた。

朝廷での儀式が終わった後、皇后に立てられた娍子の本第に公卿らが参上して本宮の儀が行われるのだが、参加した公卿は四人のみで（実資と朝廷の立后の儀に参列した三人の公卿）、殿上人は一人も参列しなかったと見える。そのためか、儀式も寂しいもので、宴座（三献の儀を含む正式な宴会）のみで、穏座（二次会）は行われず、すぐに賜禄に移った。また、后に立つと、后の地位を表象する大床子と獅子形が天皇から贈られるのが例となっていたが、「自レ内被レ奉、而左府妨遏、仍本宮令レ造云々」とあって、道長が邪魔をしたため天皇からは贈られず、皇后宮自身が造らせたという有様だった。

一方で、中宮妍子参内儀の方は盛んで、行啓に供奉する公卿は十二人におよび、蔵人頭以下殿上人も「挙首扈従」したという。実資は『小右記』に「両処玄隔、不レ怖二王憲一歟」（両所の有様は懸隔しており、天皇の法律を怖れないようだ）と嘆いている。

娍子立后の日と中宮妍子参内の日が重なったのは道長の仕組んだことではないとする説もあるが[97]、結果的に立后の日に道長側が娍子側の儀式を妨害したのは明らかであり、この事件を境に三条天皇と道長の対立はあからさまになっていく。また、その背景としては、道長が外孫である皇太子敦成親王（一条天皇皇子、母は道長娘中宮彰子）を早く即位させたいという事情もあったと思われる。

三条天皇と道長の対立の例として、もうひとつ『御堂関白記』長和二年（一〇一三）六月二十三日条を挙げておこう。すでに前節で挙げたが、そこでは、懐平（実資の実兄で、三条天皇が皇太子時の東宮職）を権中納言に任じることについて、三条天皇と道長の意見は大きく異なっており、口頭でやり合っている様子が見られた。このような様相は一条朝には見られないことである。三条天皇は年齢を取ってから即位したこともあり、自らの意見を持ち、それを実現しようとしていたことが最近指摘されている(98)。ただし、一条天皇も第一節で述べたように、天皇親政志向のある天皇であり、必ずしも道長の言いなりになっていたわけではない。しかし、一条天皇と道長の間で、三条天皇との時のような目に見える形での対立があったわけではない。各天皇の志向とその時の摂関もしくはそれに准じる立場の権力者の志向によって、双方の関係はその時々で変わってくるのだろう。

三条天皇と実資

以上述べてきたように、三条天皇は道長とはその治世を通じて対立することが多かった。一方で、三条天皇は実資に対しては親しさを示しており、何かと意見を求めたりした。例えば、『小右記』寛弘八年九月二日条では、九月五日に予定されている坊官除目について、重日に当たるので忌む方がよいと実資は内密に女房を通じて天皇に奏達しているが、このようなことがあれば、内密に奏上するようにと天皇から仰せがあったと記されている。

また、同年九月四日条では、明日の除目延期のことが女房のもとから書状があったが、これは自分が先日奏上したことである、坊官除目が重日に行われると都合が悪いことを奏上させたが、天皇からは喜んでいることが実資に伝えられている。このように、即位当初から三条天皇は実資に対して目をかけている様子が窺われる。

それは三条天皇と道長の対立が明らかになった長和年間になっても変わらなかった。『小右記』長和四年六月一日条を見てみよう。三条天皇は道長との対立が精神的な負担になったためか、眼病になってしまった。時に蔵人頭であった実資の養子資平が内裏から帰って来て言うには、天皇の目はよくならず、嘆息していらっしゃる、と。そして天皇の命令を伝えて言うには、改元を行うのはどうだろうか、と。実資が奏上させて言うには、長和はよい年号ではない。年末に臨んで定があり、年内に必ず改元を行うべしということで、さらに改めて勘えさせたが、残る日はなかった。そこで改元を行うことになった。ただし、和の字の年号としては、承和以外の年号は幾らも経っていない。安和は冷泉院の時の年号でよろしくない。寛和は花山院の時の年号で幾らも経っていない。就中、花山院や一条院は今年と同じように六月に譲位のことがあった。また、今年は天皇のお身体がよろしくなく、天下には疫癘が流行して、夭折の輩が京畿や外国の間には隙がないくらい多い。よって改元を行われるのが最もよろしいことだ、と。

このように、改元のような重大な事柄についても実資は三条天皇からの諮問に預かっていた。こうして、実資は三条天皇から信頼されており、あたかもブレーンのような存在であったと言えよう。実資の方も、三条天皇の信頼に応えるような行動を取る一方で、道長に対しては、娍子立后の時のように毅然とした態度を取っていた。ただし、実資は、三条天皇一辺倒にはならず、道長に対して尻尾をふらず、という立場を堅持していたため、道長から攻撃を受けて失脚するようなことにはならなかったのである。

実資はそれまでは外戚ではないので天皇との距離はそれほど近くはなかったが、この時期のみ天皇との距離が縮まるのである。そういった意味では、三条朝は、太政官以外での実資の活躍が見られる興味深い時期であることが指摘できる。

その後の三条天皇と実資

長和四年（一〇一五）十月になると、三条天皇の眼病は重く、道長を摂政に准じ、除目・官奏を行わせることになった。実際に、道長は自らの直廬において除目を行い、官奏を行っている。道長の特色は、准摂政になってからも、左大臣として一上の仕事を手放さなかったことである。前述したように、初めからではなかったと思われるが、道長は内覧で一上を兼ねることに意味を見出し、三条朝においても、准摂政になってからも一上を手放さなかった。そこから、逆に、当時、太政官が重要な官司であったことがわかるのである。

長和五年（一〇一六）になると三条天皇はいよいよ譲位し、皇太子敦成親王が後一条天皇として践祚した。皇太子には三条天皇皇子敦明親王が立てられた。それが、三条天皇にとって譲位する条件でもあった。一方、道長は外孫敦成親王が即位したため、漸く摂政となった。しかし、道長は摂関の地位には拘泥せず、間もなく摂政を息子頼通に譲ることになる。また、左大臣も辞してしまう。こちらの方は後一条天皇元服に際して太政大臣に任命されるが、それもすぐに辞してしまう。しかし、その後の道長の官位に関わらない権力については前述したところである。

（3）実資と摂関政治

最後に、実資から見た摂関政治について考えておこう。藤原道長の権力形態については前述したところであるが、その特徴をまとめてみると、政務においては、奏事が道長末期に成立することが挙げられる。奏事は、公卿以下の太政官職員の組織的な文書審査なしに、弁官や蔵人によって天皇（或いは院）へ奏聞される政務方式である。

一方で、道長や上東門院彰子は、法成寺造営において公卿たちに礎石を曳かせたり、儀式・行事に際して公卿らに、僧前を割り当てたり、法華八講の五巻日の捧物を用意させるなどの経済的奉仕を負担させた。

このように、道長の権力集中は、公卿らから権力を奪い、自らに権力を集中させるという形で行われた。それでは、そのようなやり方に対して、公卿たちはどのように思っていたのだろうか。『小右記』から公卿の身分感覚について見ていきたい[99]。

まず見えるのは、道長が公卿らに賦課をかけたことに対して、「末代公卿不㆑異㆓凡人㆒」と言って憤慨する例である。たとえば、『小右記』長保元年（九九九）十一月二日条では、道長娘彰子の入内を公卿の多くが見送ったことに対して、「末代公卿不レ異二凡人一」と言って憤慨している。この入内に際しては、公卿等に和歌を課し、それを屏風に仕立てて持たせているが、『小右記』長保元年十月二十八日条では、「上達部依二左府命一献二和歌一、往古不レ聞事也」「此事不二甘心一事也」とあり、公卿たる者がそのようなことに応じてよいのかと批判している。

同じようなことは『小右記』寛仁二年（一〇一八）正月二十一日条にも見え、道長の息子頼通が摂政内大臣として行う大臣大饗用に作成した大和絵屏風の色紙形に書かせる漢詩と和歌を公卿と専門詩人・歌人に献上させたことに対して、「非二儒者一上臈公卿依二下官命一作二屏風詩一如何、不レ異二凡人一」とあり、特に儒者ではない上臈の公卿が下官（道長のこと）の命令によって屏風の漢詩を作ったことについて、「不レ異二凡人一」と言って大層憤慨していることがわかる。実資には、公卿の地位が天皇以外からは命じられることがない尊重されるべき地位であるという認識があったことがわかるのである。

また、『小右記』万寿四年（一〇二七）十二月十四日条では、参議藤原広業が道長の喪に服したことに、実資は疑問を呈しており、「亦参議広業着二禅閤素服一、家司歟。上達部為二臣下家司一着二素服一、可レ尋事也。心之所レ欲歟」と言って、公卿が臣下（道長のこと）の家司として素服（喪服）を着ることに対して批判している。ここからも公卿が天皇以外の命令に服す身分ではないということが、実資の基本認識であったことがわかる。すなわち、実資は、公卿の本来的な身分というものを極めて尊重しているのであり、道長のような新しい権力集中のやり方には反対であったと考えられる。

このように、実資は道長の新しい権力集中のやり方を見せつけられるたびに、自らの公卿という本来的な身分を再認識させられていたと言えよう。しかし、道長の場合とは別に、公卿というもののあり方を認識させられる場合もあった。たとえば、『小右記』万寿四年（一〇二七）七月二十六日条によると、伊予守済家の子の元服に際して、左衛門督兼隆が加冠役を務めたことに対して、公卿が受領の家に行って雑役を行うことは往古聞かないことだと批判している。

公卿が受領の家に行かないことについては、頼通と教通が権大納言と権中納言に補任され、道長の命で伯父道綱宅へ慶賀に赴くことになった時、道綱が当時聟として受領を歴任し内蔵頭であった源頼光宅に住んでいたのを嫌い、「本家大炊御門家」に行ったとあることも（『小右記』長和二年六月二五日条）参考になろう。

このように、公卿の身分というものに対して、実資は特に神経が行き届いていたと言うこともできるだろうが、他の日記にも同じようなことが見える場合がある。『権記』長徳元年（九九五）九月二十四日条を見ると、参議平惟仲が国解を結（かた）ね申したことについて、公卿のすることではないと批判している。「左武衛示云、卿相結申如何云々。縦雖三公卿已為二弁官一、上卿所二下給一文結申例也」とあり、陣下において右大臣道長が参議左大弁平惟仲に国解（若狭国の宋人関係の国解）を下した際に、惟仲が結ね申したことについて、左武衛（藤原公任）は、卿相（公卿）が結ね申すのは如何かと指摘したのに対して、行成は、たとえ公卿であってもすでに弁官であるから、上卿が下した文書を結ね申すのは例であると言っている。

以上のような特別な意味を有する公卿という身分はどこに淵源があるのだろうか。公卿身分の沿革と展開を大雑把に見ると、まずは職員令2太政官条が挙げられる。

太政大臣・左大臣・右大臣─大納言┬少納言─大外記・少外記─史生
　　　　　　　　　　　　　　　　└左右大中少弁─左右大少史─左右史生─左右官掌┐
　　　　　　　　　　　　　　　　　　　　　　　　　　　　　　┌左右使部─左右直丁┘
（のち、内大臣・中納言・参議が追加）

公卿は、三位以上を指すが、官職で言うと参議以上であり、四位参議も含む律令国家の支配層である。律令制以前の大夫すなわちマヘツギミにその淵源があると考えられる。十世紀以降になると、公卿─殿上人─諸大夫─地下という新しい身分制が加わる。以上のように伝統ある公卿の身分に実資は大変プライドを持っているのであり、そのような公卿の身分を蔑ろにする道長の権力集中に対して批判しているのである。

おわりに

以上、第一節から第三節まで、一条天皇・藤原道長・藤原実資という摂関期の天皇・摂関・貴族を取り上げて、それぞれの立場から摂関政治にどのように関わっていたのかを、自身の日記や周囲の日記から見てきた。

一条天皇と摂関政治の関わりからは、意外に政治的な一条天皇の姿が見えてきた。摂関期の天皇は摂関の力に押されているように思われがちだが、当時蔵人頭であった藤原行成の日記『権記』などから見えてくるのは、醍醐天皇や村上天皇などの日記を指針に天皇親政を目指す一条天皇の姿であった。一条天皇自身の日記がほとんど逸文も残されていないのが残念である。

藤原道長については近年その絶対的な権力集中のあり方に注目が集まっているので、その視点から道長の権力集中の過程を見ていった。道長自身の日記『御堂関白記』や道長と親しい藤原行成の日記『権記』、やや遅い時期になるが源経頼の日記『左経記』、その仕事ぶりが道長から信頼されているが心情的には一線を画している藤原実資の日記『小右記』などから道長の権力集中の過程が立体的に見えてくる。

藤原実資については、自身の日記『小右記』や権力者道長の『御堂関白記』、道長周辺の公卿である藤原行成の『権記』、道長というよりその跡を継いだ頼通との関係が深い源経頼の日記『左経記』などから、実資の主に道長期の有能な仕事ぶりや三条天皇との密接な関係、実資の行動の原動力となっている公卿としてのプライドなどについて見てきた。実資については、この後頼通が関白になる時期においては右大臣となり、道長期のような大納言としての活躍とは異なる仕事ぶりおよび朝廷内での位置づけを見せることになる。その辺りの分析は今後の課題としたい。

著名な平安貴族の日記でも丁寧に読んでいくことによって、従来とは異なる新たに見えてくるものがある。また、平安貴族の日記というと儀式や政務の詳細な記録ばかりという印象があるかもしれないが、日記の記主の個人的な日常生活や自らの考えや感想を記している部分もある。儀式や政務などの、ある意味で無味乾燥な記述の合間から当時の人々の生の声が聞こえてくるのである。

註

（第一章）

（1）橋本義彦『平安貴族』（平凡社　一九八六）、古瀬奈津子「昇殿制の成立」（『日本古代の王権と儀式』吉川弘文館　一九九八　初出一九八七）など。

（2）堀井佳代子『平安宮廷の日記の利用法　『醍醐天皇御記』をめぐって（日記で読む日本史7）』（臨川書店　二〇一七）。なお、『醍醐天皇御記』や『宇多天皇御記』の日記名については、古藤真平『宇多天皇の日記を読む　天皇自身が記した皇位継承と政争（日記で読む日本史3）』（臨川書店　二〇一八）参照。

（3）古藤真平「延喜二年三月の飛香舎藤花宴（日記の総合的研究）」（『日本研究』46　二〇一二）。

（4）目崎徳衛「阿衡問題の周辺」（『国史大系月報』21　一九六五）、東海林亜矢子「母后の内裏居住と王権―平安時代前期・中期を中心に―」（『平安時代の后と王権』吉川弘文館　二〇一八　初出二〇〇四の改題）。

（5）服藤早苗「平安王朝の父子対面儀と子どもの認知―王権内における父子秩序の成立と変容―」（『平安王朝の子どもたち―王権と家・童―』吉川弘文館　二〇〇四　初出一九九八）。

（6）満田さおり「清涼殿南庇「殿上の間（「侍所」）」に関する研究―平安宮内裏の空間構成と儀式に関する歴史的研究3―」（『日本建築学会計画系論文集』78-683　二〇一三）。

（7）服藤早苗「王権の父母子秩序の成立―朝覲・朝拝を中心に―」（註5書所収　初出一九九九）。

（8）この項、註4東海林論文参照。

（9）倉本一宏「摂関政権の構造モデル―天皇と摂関とのミウチ意識を中心として―」（『摂関政治と王朝貴族』吉川弘文館　二〇〇〇　初出一九九一の改稿）。

（10）倉本一宏「『栄花物語』における「後見」について」（註9書所収　初出一九八八の改稿）、吉川真司「摂関政治の転成」（『律令官僚制の研究』塙書房　一九九八　初出一九九五）、栗山圭子「兼通政権の前提―外戚と後見―」（服藤早苗編『平安朝の女性と政治文化　宮廷・生活・ジェンダー』明石書店　二〇一七）など。

(11) 註10吉川論文。

(12) この項、末松剛「即位式における摂関と母后の登壇」(『平安宮廷の儀礼文化』吉川弘文館 二〇一〇 初出一九九九)参照。

(13) 東海林亜矢子「中宮大饗と拝礼—男性官人と后—」(註4書所収 初出二〇〇六の改題)。

(14) 『太后御記』の文学史上の位置づけ等については、斎木一馬「『太后御記』について」(『古記録の研究・下』吉川弘文館 一九八九 初出一九四九)、石原昭平「太后御記の原形—はたして漢文体か—」(『国文学研究』31 一九六五)、同「日記文学の発生と暦—太后御記を中心として—」(日本文学研究資料刊行会編『平安朝日記Ⅰ—土佐日記、蜻蛉日記—平安文学研究 三』有精堂 一九七二)、所功「太后御記(校異・参考・覚書)」(『國書逸文研究』創刊号 一九七八)など。

なお、これら先学に詳しいが、『太后御記』は本来は漢文であったとする説も存在する。伏見宮家本『御産部類記』に「已上日記、出先大后御記也」と産養の装束や禄の詳細な漢文記録を載せているからである。しかしながら記述に不自然な点や写本の問題もあり、仮名日記とするのが通説である。なお上記漢文記録については、同時期に中宮職の男性官人などによって書かれたとする説(川口久雄「最古の女流日記」古典文学大系20「土佐、蜻蛉日記、和泉式部、更級日記 集月報」)、仮名日記を『西宮記』が漢文に書き直したとする説(和田英松『皇室御撰の研究』一九四三)などがある。

(15) 四辻善成著『河海抄』(石田穣二校訂 玉上琢弥編 角川書店 一九七八)、註14諸論文。

(16) 穏子が村上朝において正月に内裏にいたのはほぼ天暦七年のみであるから(天暦八年は正月四日に崩御している)、現存していないが、『村上御記』『清涼記』ともに天暦七年に村上が弘徽殿にいる母后に朝観した記事が存在したことがわかる。

(17) この時期の摂関は外戚ではない実頼である。従来の実頼「よそ人」説に対し、近年、実頼の政治力が評価されるようになっている。中斎洋平「藤原実頼論」(『皇學館史学』16 二〇〇二)、立花真直「藤原実頼・頼忠にみる関白の政治的意味」(『国史学』197 二〇〇九)、渡辺滋「冷泉期における藤原実頼の立場—『清慎公記』逸文を中心に—」(『日本歴史』787 二〇一三)など。ただし父母亡き冷泉の後宮に関しては外戚伊尹の影響力が絶大であったことは、キサキの出自からも言うことができよう。

(18)『親信卿記』天禄三年十一月二十六日条。一般には、兼通が生前の妹安子に「関白は次第のままに（兄弟順に）」と書いてもらっていた書付を取り出したという『大鏡』の言説が知られる。これを兄弟の地位に関する口頭の表明とする説（倉本一宏「藤原兼通の政権獲得過程」〈笹山晴生編『日本律令制の展開』吉川弘文館　二〇〇三〉）や、円融を含む安子遺児の後見に兼通を位置づけるものとする説（註10栗山論文）など、書付の有無や遺命の内容については諸説ある。ただ、兼家を逆転して兼通が政権を奪取できた陰に、何らかの円融生母安子の影響があることは想定でき、兼家は母后の「政治力」を目の当たりにしたことであろう。

(19)沢田和久「円融朝政治史の一史論」（『日本歴史』648　二〇〇二）、註18倉本論文。

(20)並木和子「平安時代の妻后について」（『史潮』新37　一九九五）、梅村恵子「天皇家における皇后の位置―中国と日本との比較―」（伊東聖子・河野信子編『女と男の時空―日本女性史再考Ⅱ　おんなとおとこの誕生―古代から中世へ』藤原書店　一九九六）など。

(21)昌子内親王の着袴は、前天皇の子でありながら内裏の、それも祖母穏子の居所弘徽殿で行われ、裳着は内裏承香殿で行われ村上天皇から宸筆で三品に叙品されている。父朱雀上皇崩御後でありながらどれも異例のことであった。同い年の皇太子憲平のキサキにすべく、祖母や叔父の庇護を受けていたと考えられる。

(22)註20並木論文、西野悠紀子「母后と皇后―九世紀を中心に―」（前近代女性史研究会編『家・社会・女性―古代から中世へ―』吉川弘文館　一九九七）、山本一也「日本古代の皇后とキサキの序列―皇位継承に関連して―」（『日本史研究』470　二〇〇一）など。

(23)『権記』長保二年八月二十七日条、『小右記』長和元年四月二十七日条など。

(24)註12末松論文。

(25)『小右記』寛仁元年十一月二十一日条。古瀬奈津子「摂関政治成立の歴史的意義―摂関政治と母后―」（『日本史研究』463　二〇〇一）、服藤早苗「国母の政治文化―東三条院詮子と上東門院彰子―」（註10服藤編著所収）に詳しい。

(26) 服藤早苗「王権と国母―王朝国家の政治と性―」(『平安王朝社会のジェンダー―家・王権・性愛』校倉書房　二〇〇五　初出一九九八)など。
(27) 倉本一宏「一条朝の公卿議定」(註9書所収　初出一九八七の改題改稿)。
(28) 高松百香「女院の成立―その要因と地位をめぐって―」(『総合女性史研究』15　一九九八)。
(29) 正暦三年二月二十九日条(『紀略』)、長徳元年二月二十八日条、二年九月三十日条(以上『小右記』)、同三年八月八日(『紀略』)、同四年二月十一日条、長保二年九月八日条、三年十月二十七日(以上『権記』)。長徳二年条によると帰途は石山から舟に乗り唐崎で御禊をして御供らが遊女に衣を賜っており、信仰心のみならず物見遊山の意味合いもあったのであろう。
(30)『紀略』正暦二年十月十五日条、『御堂関白記』『権記』長保二年三月二十日条〜二十五日条。『枕草子』第一二三段、『小右記』長徳元年十月二十二日条。
(31)『小右記』正暦四年正月二十二日条、『小記目録』長徳四年七月十八日条、『権記』長徳四年十二月十六日条。
(32)『小右記』正暦四年正月二十二日条、三月六日条。
(33) 伊周に抜かされた三大納言(朝光・済時・道長)が揃って朝覲行幸に欠席しており、特に道長については道隆執政への抗議の可能性がある。ただ朝光・済時は酒を通じて道隆と親しかったと言われる上、朝光は三月、済時は四月に薨じているから、行幸欠席は病気のためと考えるのが自然か。さらにこの日欠席した中納言源保光(行成外祖父)も五月に薨じている。疱瘡(天然痘)が猛威を奮っていたのである。
(34)『権記』長徳三年七月十八日条、長保元年八月二十一日条など。
(35) 倉本一宏「彰子立后をめぐって」(註9書所収　初出一九九四の改題改稿)、『一条天皇』(吉川弘文館　二〇〇三)。
(36) 倉本一宏「彰子立后勘申の記事を日記から消した藤原道長」(註9書所収　初出一九九八の改稿)。
(37) 東海林亜矢子「常寧殿と后の宮」(註4書所収)。
(38)『権記』長保元年八月十八日条。

(39)『枕草子』によれば中宮が通る門は慌てて造り直したものの、女房が使用する門は小さいままで牛車が通れず、清少納言らは歩いて邸内に入る羽目になったという。本来は中宮が滞在するような邸ではなかった。

(40)黒板伸夫氏によれば「横川の皮仙」とは僧行円のことで、殺生を忌む僧でありながら鹿皮の衣を着ていたことから「出家らしからぬ出家」ということを指し、俗世を絶つべき出家者でありながら出産した定子への「陰口に転用されたのではないか」とされる(『藤原行成』吉川弘文館 一九九四)。

(41)中込律子「摂関家と馬」(服藤早苗編『王朝の権力と表象―学芸の文化史』森話社 一九九八)、倉本一宏『藤原道長の日常生活』(講談社 二〇一三)など。

(42)この頃から公卿クラスの娘が道長の娘などの后のもとに出仕する例が増える。それによって貴族女性の序列化が進み、序列最上級に位置する道長娘以外の公卿の娘が入内できなくなっていったと評価される。阿部秋生『源氏物語序説・上』(東京大学出版会 一九五九)、註25服藤論文参照。

(43)服藤早苗a「三日夜餅儀の成立と変容」(同編『女と子どもの王朝史―後宮・儀礼・縁』森話社 二〇〇七)、同b「書使と後朝使の成立と展開―平安王朝貴族の婚姻儀礼」(小嶋菜温子編『王朝文学と通過儀礼』竹林舎 二〇〇七)、同c「衾覆儀の成立と変容―王朝貴族の婚姻儀礼(『埼玉学園大学紀要』人間学部篇 第七号 二〇〇七)、同d「平安時代の天皇・貴族の婚姻儀礼」(『日本歴史』733 二〇〇九)など。

(44)東海林亜矢子「女房女官饗禄―女性官人と后」(註4書所収 初出二〇〇七の改題)。彰子入内時は『栄花物語』に「吉日に」贈物をしたことが見えている。

(45)服藤註43a論文。

(46)一条天皇が意図的に義子懐妊の可能性を遠ざけるという政治的判断をした可能性も指摘されている(倉本一宏「一条天皇後宮の変遷」〈註9書所収〉)。

(47)東海林亜矢子「摂関最盛期における王権構成員居住法の考察―道長の後宮政策とその限界(註4書所収)」。

(48)キサキではないが、長保四年に皇后定子の同母妹御匣殿が一条天皇の寵愛を受け懐妊したものの、亡くなっている。定子の遺児たちの母代として内裏にいたため天皇の目に留まったようである。

(49)それでも元子を呼び寄せたり、定子の妹を寵愛しており、また、完成した内裏に入らないなどの一条の行動は、彰子以外のキサキを排除する道長への抵抗と読み解くこともできるかもしれない。註46倉本論文、註47東海林論文。
(50) 註46倉本論文。
(51) 例えば、賀茂川での上巳の祓にお供したり（『権記』長保四年三月九日条、同五年三月三日条）、敦康のために東寺西寺で寿命経を転読させたりしている（同五年八月十四日条）。また、敦康が内裏を退出する時、多くは土御門邸や枇杷殿などその時に道長が生活している邸に入っており、寛弘二年十月二十五日から翌十一月三日までの石山寺ほかへの参詣も、内裏を退出して土御門邸に入ってから出発し、道長も同行している（『御堂関白記』『権記』）。
(52) 寛弘元年正月十七日条、四月二十日条、十月二十一日条など。「摂関期の后母―源倫子を中心に―」（註10服藤編著書所収）参照。
(53) 相手は村上天皇孫にあたる源頼定で、発覚と共に二人の仲も終わったようである。時期は正暦末年から長徳年間前半と考えられる。
(54) 『御堂関白記』にも『小右記』にも顕光の数々の失態が記されている。特に実資は「五品より始めて丞相に至るまで万人嘲弄、已に休慰無し」（寛仁元十一月十八日条）などと辛らつである。
(55) 前者は土田直鎮『王朝の貴族』（中央公論社　一九六五）、大津透『道長と宮廷社会』（講談社　二〇〇一）など、後者は服部一隆「娍子立后に対する藤原道長の論理」（『日本歴史』695　二〇〇六）、山中裕『藤原道長』（吉川弘文館　二〇〇八）、倉本一宏『三条天皇』（ミネルヴァ書房　二〇一〇）など。
(56) 註55服部論文、山中著書、倉本著書。
(57) 註55倉本著書。
(58) 註13東海林論文。
(59) 註12末松論文。
(60) 註9倉本論文、註7服藤論文、註26服藤論文、註25古瀬論文、高松百香「院政期摂関家と上東門院故実」（『日本史研究』513　二〇〇五）、古瀬奈津子「摂関政治と王権―平安中期における王権―」（大津透編『王権

を考える―前近代日本の天皇と権力―』山川出版社　二〇〇六）、註25服藤論文、服藤早苗『藤原彰子―天下第一の母―』（ミネルヴァ書房　二〇一八）など。

(61) 例えば、道長・倫子准三宮宣下の令旨（『御堂関白記』『小右記』『左経記』長和五年六月十日条）、道長太政大臣任命の令旨（『小右記』寛仁元年十一月二十一条）、関白頼通の上表を内覧した例（『左経記』寛仁四年六月十四日条）など。

(62)『御堂関白記』長和五年七月十日条、『春記』長暦三年十二月十七日条。他にも皇太子敦良の東宮職職員人事（『権記』寛仁元年八月九日条）など。

(63)『小右記』長和五年三月九日条、『殿暦』永久二年十二月二十七日条など。註25服藤論文、服藤早苗「院政の先駆け藤原彰子」（『本郷』142　二〇一九）に詳しい。

(64) 註10吉川論文、岡村幸子「職御曹司について―中宮職庁と公卿直廬」（『日本歴史』582　一九九六）、註47東海林論文。

(65) なお、その用意された後宮以外で子を儲けた後朱雀天皇の例もあるが、その子は皇位継承者とは見做されず、一臣下とされた。伴瀬明美「院政期における後宮の変化とその意義」（『日本史研究』402　一九九六）参照。

(66)『平行親記』長暦元年十二月十三日条。婚儀の内容については、註43 a服藤論文に詳しい。

(67) 註25服藤論文。

（第二章）

(1) 土田直鎮『王朝の貴族（日本の歴史5）』（中央公論社　一九六五）、同『奈良平安時代史研究』（吉川弘文館　一九九二）。

(2) 橋本義彦『平安貴族社会の研究』（吉川弘文館　一九七六）、同『平安貴族』（平凡社　一九八六）。

(3) 大津透『律令国家支配構造の研究』（岩波書店　一九九三）、同『道長と宮廷社会（日本の歴史06）』（講談社　二〇〇一年）、吉川真司『律令官僚制の研究』（塙書房　一九九八）、古瀬奈津子『日本古代王権と儀式』（吉

川弘文館　一九九八）など。
（4）摂関期の天皇に注目したものとして倉本一宏『一条天皇』（吉川弘文館　二〇〇三）、同『三条天皇』（ミネルヴァ書房　二〇一〇）、松田茜「過差の禁制にみる三条天皇の政治姿勢」（『お茶の水史学』63、二〇二〇）などが挙げられる。
（5）註4倉本著書。
（6）目崎徳衛「円融上皇と宇多源氏」（『貴族社会と古典文化』吉川弘文館　一九九五　初出一九七二）など。
（7）一条天皇とキサキたちについては、本書第一章、および山本淳子『源氏物語の時代―一条天皇と后たちのものがたり（朝日選書820）』（朝日新聞社　二〇〇七）など参照。
（8）齋藤融「藤原道長の金峯山信仰―皇子誕生祈願説に対する疑問」（『日本歴史』553　一九九四）など。
（9）後述するように、一条天皇と道長の間には潜在的な対立関係があったと考えられ、このこともその表れのひとつかもしれない。
（10）今正秀「一条朝初期の権力構造」（『高円史学』24　二〇〇八）など。
（11）註4倉本著書。
（12）註10今論文。
（13）註10今論文。
（14）註10今論文。
（15）註4倉本著書。
（16）春名宏昭「太上天皇制の成立」（『史学雑誌』99-2　一九九〇）など。
（17）註10今論文。
（18）古瀬奈津子「摂関政治成立の歴史的意義―摂関政治と母后―」（『日本史研究』463　二〇〇一）など。
（19）註18古瀬論文。
（20）註18古瀬論文。
（21）註4倉本著書。

(22)註18古瀬論文。
(23)古瀬奈津子「藤原行成『権記』と『新撰年中行事』」(倉本一宏編『日記・古記録の世界』思文閣出版　二〇一五)
(24)二代御記の逸文については、所功編『三代御記逸文集成』(国書刊行会　一九八二)など参照。一条天皇がなぜ醍醐・村上の二代御記ばかり重視しており、当時「宇多天皇御記」がどのような形態になっていたのかなどは今後の課題である。
(25)註1土田『王朝の貴族』。
(26)註4倉本著書。
(27)以下の内容に関連して、筆者は第63回国際東方学者会議東京会議　シンポジウム「国家と儀礼―東アジアの中の日本古代文化」において、「摂関・院政期の儀式運営からみた天皇と公卿―除目を中心にみた天皇と摂関の関係―」として報告を行った(二〇一八年五月十九日〈土〉　於日本教育会館)。
(28)註4倉本著書。
(29)執筆については、吉田早苗「『大間成文抄』と『春除目抄』」(土田直鎮先生還暦記念会編『奈良平安時代史論集』吉川弘文館　一九八四)を参照した。
(30)大津透・池田尚隆編『藤原道長事典』(思文閣出版　二〇一七)など。
(31)註29吉田論文など。
(32)註29吉田論文など。
(33)註29吉田論文など。
(34)坂本賞三『藤原頼通の時代―摂関政治から院政へ―』(平凡社　一九九一)など。
(35)坂上康俊「関白の成立過程」(笹山晴生先生還暦記念会編『日本律令制論集　下』吉川弘文館　一九九三)など。
(36)註4倉本著書。
(37)古瀬奈津子「権記」(山中裕編『古記録と日記　上』思文閣出版　一九九三)

(38) 註37古瀬論文。
(39) 註18古瀬論文。
(40) 註37古瀬論文。
(41) 註37古瀬論文。
(42) 黒板伸夫『藤原行成』(吉川弘文館　一九九四) など。
(43) 註4倉本著書、註7山本著書など。
(44) 註3大津『道長と宮廷社会』、古瀬奈津子『摂関政治 (岩波新書　シリーズ日本古代史⑥)』(岩波書店　二〇一一) など。
(45) 註44と同じ。
(46) 梅村恵子「摂関家の正妻」(青木和夫先生還暦記念会編『日本古代の政治と文化』吉川弘文館　一九八七) など。
(47) 橋本義彦「太政大臣沿革考」(註2『平安貴族』所収　初出一九八二)。
(48) 橋本義彦「女院の意義と沿革」(註2『平安貴族』所収　初出一九七八)。
(49) 註3大津『道長と宮廷社会』、註44古瀬著書など。
(50) 註4倉本著書、註7山本著書など。
(51) 『日本紀略』『権記』『本朝文粋』などによる。
(52) 『本朝世紀』『御堂関白記』などによる。
(53) 『栄花物語』による。
(54) 註8齋藤論文。
(55) 古瀬奈津子「清少納言と紫式部—中宮の記録係—」(元木泰雄編『古代の人物6　王朝の変容と武者』清文堂出版　二〇〇五)。
(56) 道長が殆ど摂関に就任していないことについては、註3大津『道長と宮廷社会』、註44古瀬著書など。
(57) 註1土田『王朝の貴族』、註4倉本『三条天皇』、中込律子「三条天皇　藤原道長との対立」(註55『王朝

の変容と武者』所収）、服部一隆「娍子立后に対する藤原道長の論理」（『日本歴史』695　二〇〇六）など。
(58)海上貴彦「大殿の政務参加—藤原道長・師実を事例として」（『古代文化』70-2、二〇一八）など。
(59)註18古瀬論文。
(60)註44古瀬著書。
(61)註18古瀬論文。
(62)東海林亜矢子『平安時代の后と王権』（吉川弘文館　二〇一八）、本書第一章など。
(63)上島享『日本中世社会の形成と王権』（名古屋大学出版会　二〇一〇　初出二〇〇一）。
(64)遠藤基郎「中世公家の吉書」（羽下徳彦編『中世の社会と史料』吉川弘文館　二〇〇五）。
(65)註64遠藤論文。
(66)玉井力「十・十一世紀の日本」（『平安時代の貴族と天皇』岩波書店　二〇〇〇　初出一九九五）。
(67)古瀬奈津子「摂関政治と王権—平安中期における王権」（大津透編『王権を考える—前近代日本の天皇と権力』山川出版社　二〇〇六）。
(68)『小右記』『左経記』『栄花物語』による。
(69)『小右記』寛仁二年六月二十日条。
(70)『左経記』寛仁四年正月十四日・十五日・二月十五日・二十七日条、『小記目録』寛仁四年正月十二日・二月十九日条、『栄花物語』。
(71)『栄花物語』では十五日。
(72)以上、『小右記』『左経記』『日本紀略』『扶桑略記』『栄花物語』などによる。
(73)『諸寺供養類記』一による。
(74)註63上島著書。
(75)註44古瀬著書、註67古瀬論文。
(76)『小右記』同日条。
(77)『小右記』十月十二日条。

(78)『小右記』十月十三日条。
(79)註44古瀬著書、註67古瀬論文。
(80)『権記』十月二十七日・二十九日・三十日・十一月十一日条にも、行成が屏風の色紙形に和歌を書いた事が見える。彰子が入内に際して持ち込んだのは、三十日条にみえる倭絵四尺屏風であるが、その他にも二条殿において唱和集を屏風色紙形に書いている。
(81)花山法皇や公任が詠んだ和歌は、『栄華物語』巻六かがやくふちつほなどに見える。
(82)野田有紀子「行列空間における見物」(『日本歴史』六六〇　二〇〇三)など。
(83)末松剛『平安宮廷の儀礼文化』(吉川弘文館　二〇一〇　初出一九九七)。
(84)註63上島著書。
(85)註83末松著書(初出一九九九)。
(86)遠藤基郎「非公家沙汰諸国所課と貴族社会」(『中世王権と王朝儀礼』東京大学出版会　二〇〇八　初出一九九〇)、井原今朝男「中世国家の儀礼と国役・公事」(『日本中世の国家と家政』校倉書房　一九九五　初出一九八六)。
(87)川端新『荘園制成立史の研究』(思文閣出版　二〇〇〇　初出一九九六)。
(88)註63上島著書。
(89)『小右記　十一(大日本古記録)』(岩波書店　一九八六)「解題」、吉田早苗「藤原実資の家族」(『日本歴史』330　一九七五)など。
(90)松園斉「藤原実資―小野宮右大臣」(注55『王朝の変容と武者』所収)など。
(91)重田香澄「『小右記』にみる藤原実資の文字情報利用―身分の変化にもとづく時系列的把握の試み―」(『お茶の水史学』56　二〇一二)。
(92)吉田早苗「藤原実資と小野宮第―寝殿造に関する一考察」(『日本歴史』350　一九七七)、澤田裕子「藤原実資の小野宮第伝領について―平安貴族社会における養子と財産継承」(『日本史研究』586　二〇一一)など。
(93)註89『小右記　十一』「解題」など。

(94) 註1土田著書。
(95) 註1土田著書。
(96) 註57土田著書、倉本著書、中込論文、服部論文。
(97) 註57服部論文。
(98) 註4松田論文。
(99) 古瀬奈津子「藤原道長と公卿」(『むらさき』54 二〇一七)。

付図1　天皇・源氏系図（『新編日本古典文学全集　栄花物語3』小学館）

● 数字は即位の順。
● A～Oは、藤原氏系図（付図2）参照。

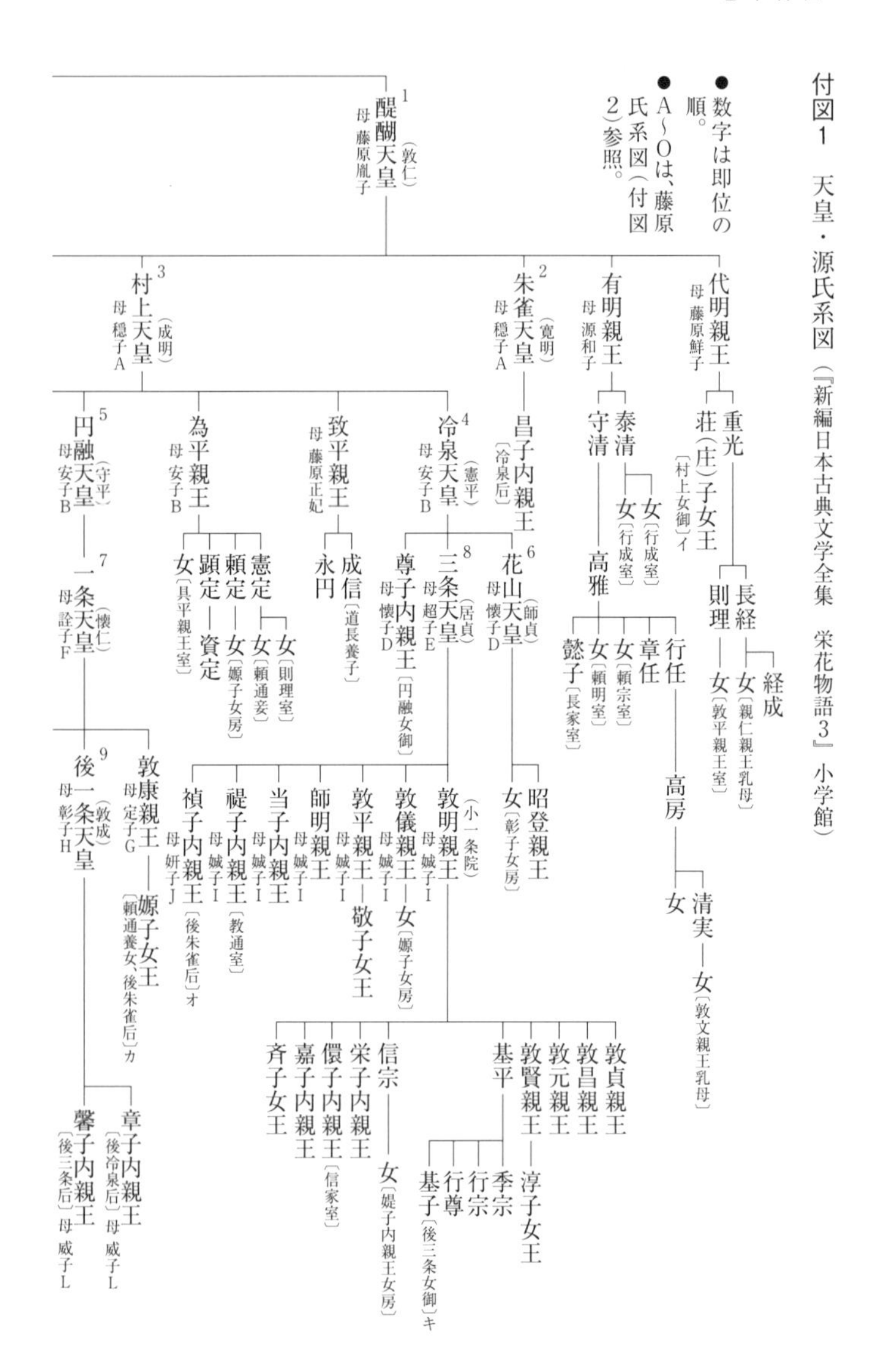

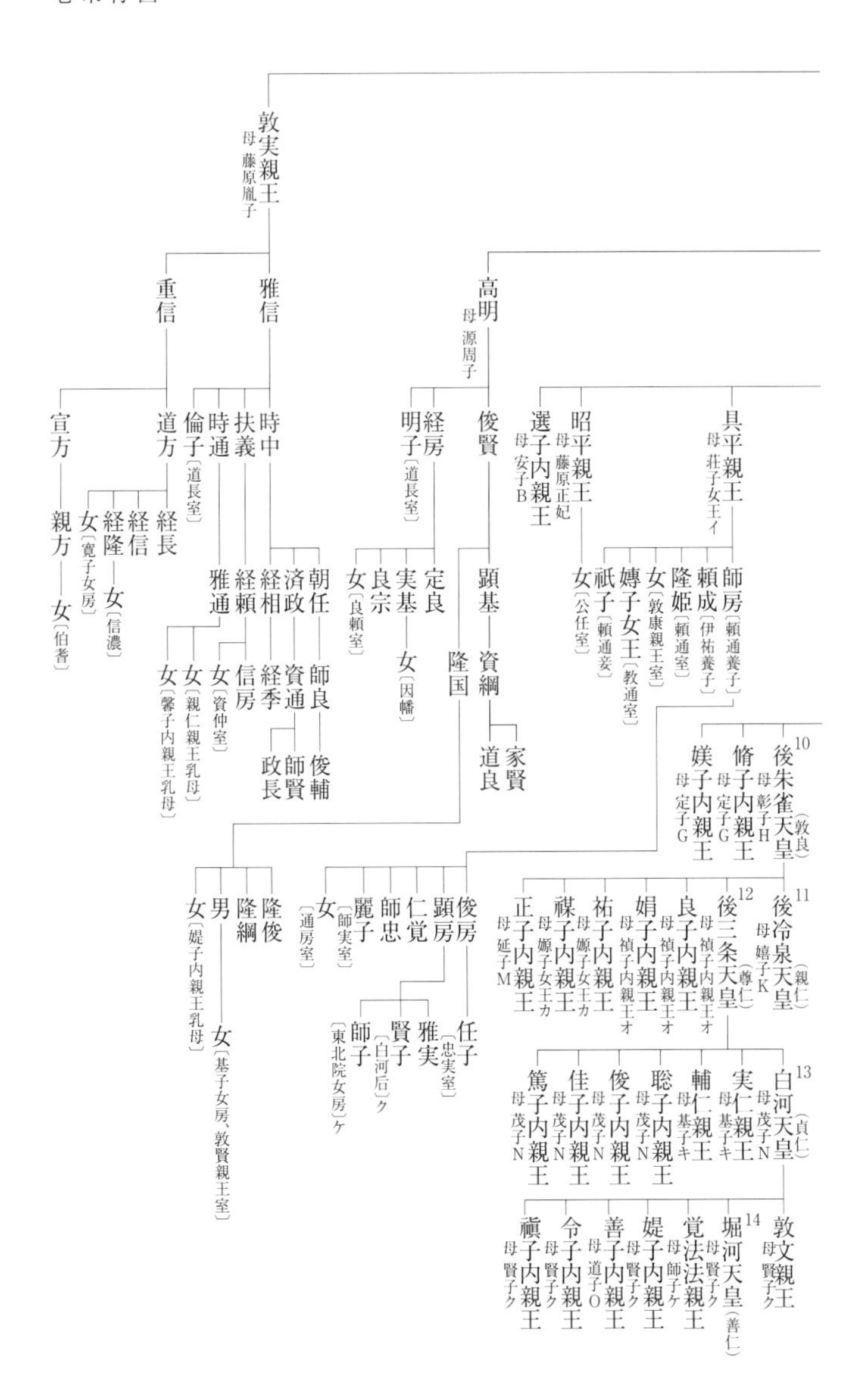

敦実親王 母藤原胤子
雅信
重信
時中
扶義
時通
倫子（道長室）
道方
宣方
経長
経信
経隆
女（寛子女房）
女（信濃）
親方
女（伯耆）
朝任
済政
経相
経頼
雅通
師良
資通
経季
信房
女（資仲室）
女（親仁親王乳母）
女（馨子内親王乳母）
俊輔
師賢
政長
高明 母源周子
俊賢
経房
明子（道長室）
定良
実基
良宗
女（良頼室）
女（因幡）
顕基
資綱
家賢
道良
隆国
隆俊
隆綱
男
女（媞子内親王乳母）
女（基子女房、敦賢親王室）
具平親王 母荘子女王イ
昭平親王 母藤原正妃
選子内親王 母安子B
師房（頼通養子）
頼成（伊祐養子）
隆姫（頼通室）
女（敦康親王室）
嫥子女王（教通室）
祇子（頼通妾）
女（公任室）
俊房
顕房
仁覚
師忠
麗子（師実室）
女（通房室）
任子（忠実室）
雅実
賢子（白河后）ク
師子（東北院女房）ケ
10 後朱雀天皇（敦良） 母彰子H
脩子内親王 母定子G
媄子内親王 母定子G
11 後冷泉天皇（親仁） 母嬉子K
12 後三条天皇（尊仁） 母禎子内親王オ
良子内親王 母禎子内親王オ
娟子内親王 母禎子内親王オ
祐子内親王 母嫄子女王カ
禖子内親王 母嫄子女王カ
正子内親王 母延子M
13 白河天皇（貞仁） 母茂子N
実仁親王 母基子キ
輔仁親王 母基子キ
聡子内親王 母茂子N
俊子内親王 母茂子N
佳子内親王 母茂子N
篤子内親王 母茂子N
敦文親王 母賢子ク
14 堀河天皇（善仁） 母賢子ク
覚法法親王 母師子ケ
媞子内親王 母賢子ク
善子内親王 母道子O
令子内親王 母賢子ク
禛子内親王 母賢子ク

付図2　藤原氏系図（『新編日本古典文学全集　栄花物語3』小学館）

●数字は摂政または関白就任の順。
●A〜Oは、天皇・源氏系図（付図1）参照。

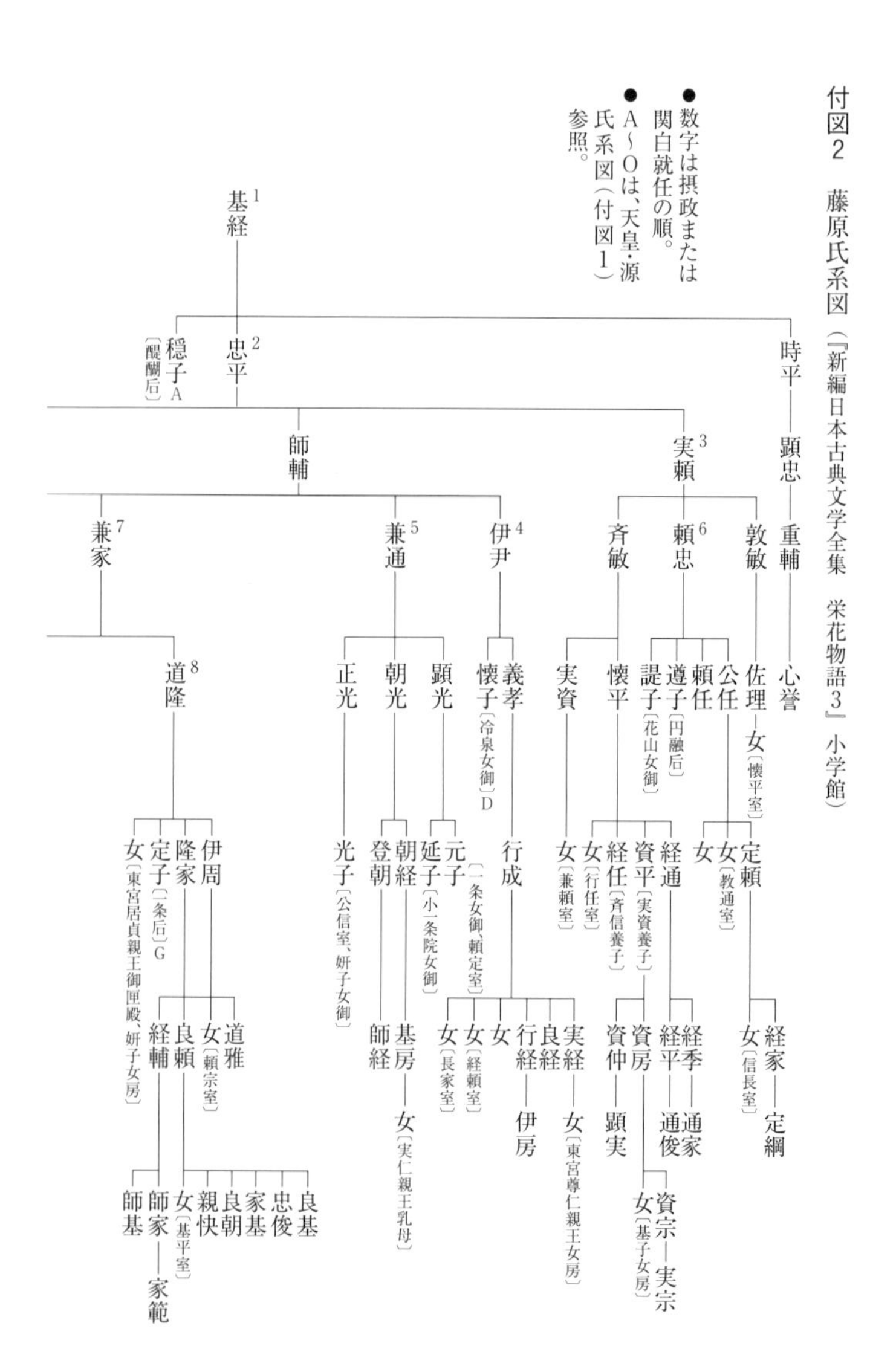

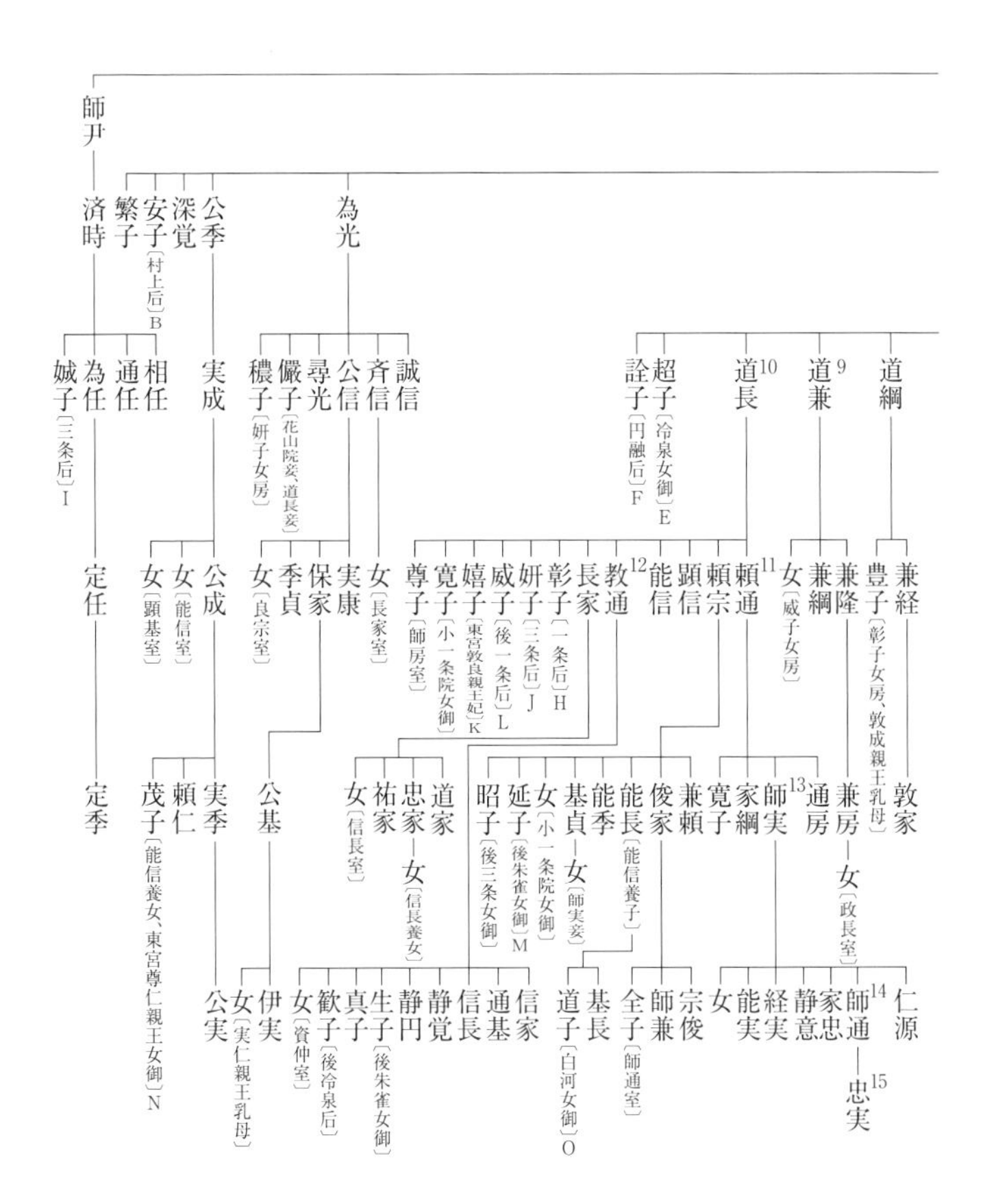

師尹
済時
繁子
安子〔村上后〕B
深覚
公季
為光
娍子〔三条后〕I
為任
通任
相任
実成
穠子〔妍子女房〕
儼子〔花山院妾、道長妾〕
尋光
公信
斉信
誠信
詮子〔円融后〕F
超子〔冷泉女御〕E
道長10
道兼9
道綱
定任
女〔顕基室〕
女〔能信室〕
公成
女〔良宗室〕
季貞
保家
実康
女〔長家室〕
尊子〔師房室〕
寛子〔小一条院女御〕K
嬉子〔東宮敦良親王妃〕L
威子〔後一条后〕J
妍子〔三条后〕H
彰子〔一条后〕
長家
教通12
能信
顕信
頼宗
頼通11
女〔威子女房〕
兼綱
兼隆
豊子〔彰子女房、敦成親王乳母〕
兼経
定季
茂子〔能信養女、東宮尊仁親王女御〕N
頼仁
実季
公基
女〔信長室〕
祐家
忠家
道家
女〔信長養女〕
昭子〔後三条女御〕
延子〔後朱雀女御〕M
女〔小一条院女御〕
基貞
能季
女〔師実妾〕
能長〔能信養子〕
俊家
兼頼
寛子
家綱
師実13
通房
兼房
女〔政長室〕
敦家
公実
女〔実仁親王乳母〕
伊実
女〔資仲室〕
歓子〔後冷泉后〕
真子
生子〔後朱雀女御〕
静円
静覚
信長
通基
信家
道子〔白河女御〕O
基長
全子〔師通室〕
師兼
宗俊
女
能実
経実
静意
家忠
師通14
忠実15
仁源

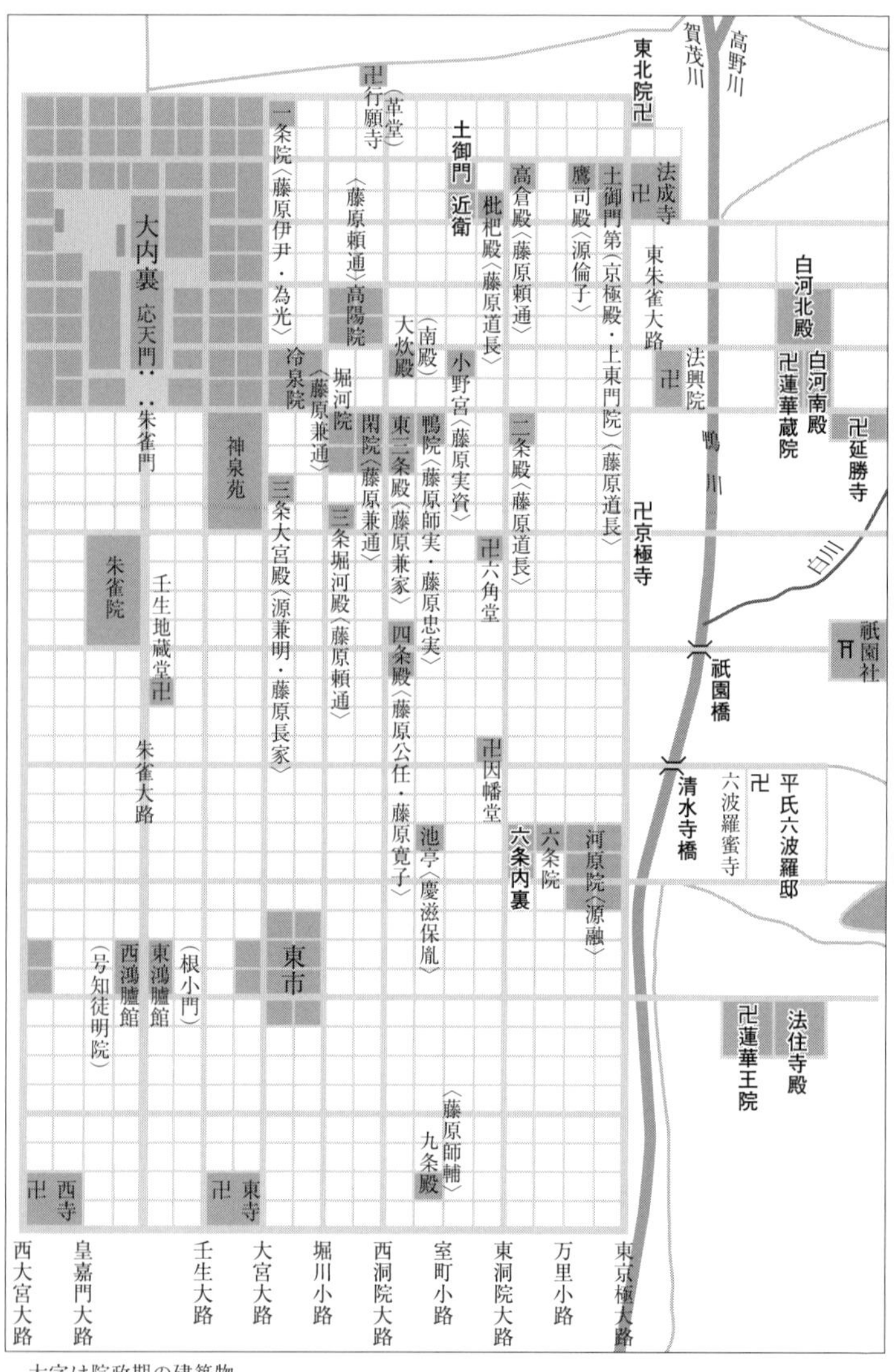

太字は院政期の建築物

付図3　摂関期・院政期の平安京（『摂関政治　シリーズ日本古代史⑥』岩波書店、2011年）

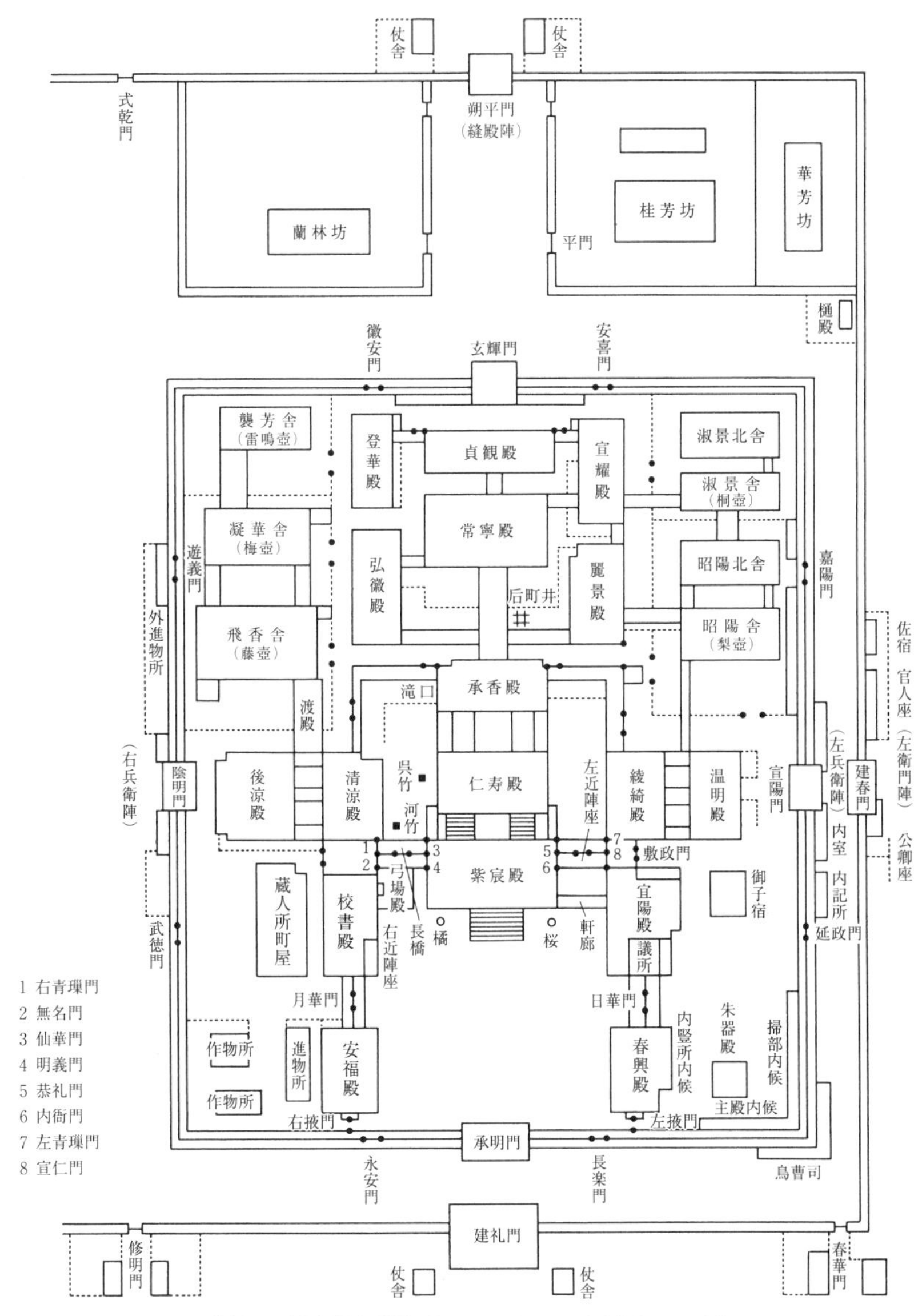

付図4　平安宮内裏図（『岩波日本史辞典』岩波書店、1999年）

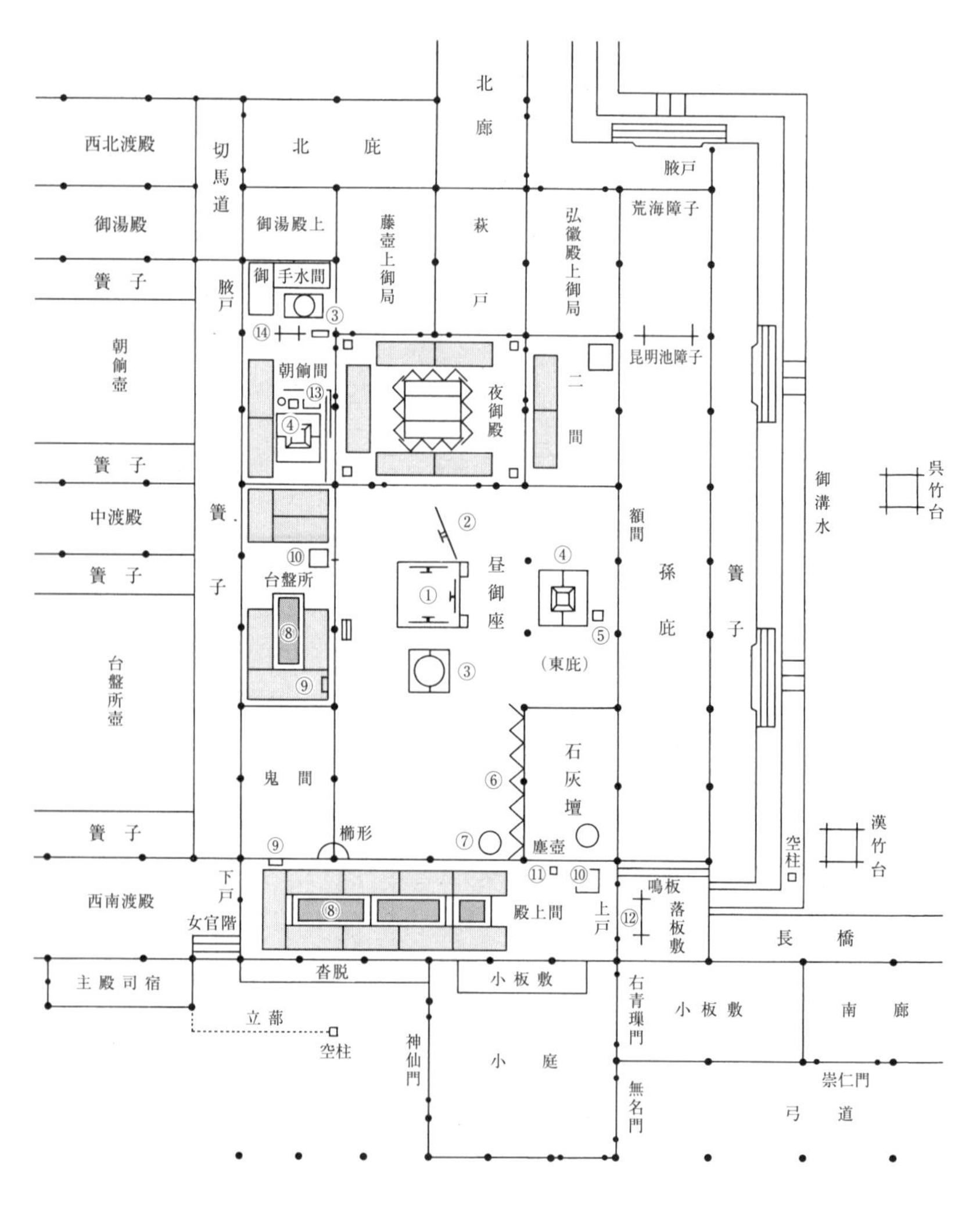

①御帳台　②三尺御几帳　③大床子御座　④平敷御座　⑤御硯筥　⑥四季御屛風　⑦陪膳円座　⑧台盤　⑨日給簡　⑩御倚子　⑪文杖　⑫年中行事障子　⑬山水御屛風　⑭小障子

付図５　平安宮清涼殿図（『岩波日本史辞典』岩波書店、1999年）

あとがき

摂関政治と言えば、初めての摂政は藤原良房、初めての関白は藤原基経ということが教科書にも書かれている。昨今、摂政・関白についてはその成立過程が改めて再考されているところである。ただし、摂政が藤原良房、関白が藤原基経から始まるということについては異論がない。

本書で、摂関政治について述べる時に、醍醐天皇の中宮となった藤原穏子、穏子の兄弟で醍醐天皇と穏子の子どもである朱雀天皇の摂政・関白となった藤原忠平から始まるのは、「まえがき」等で述べられているように、忠平の時に、後世まで継続される摂関政治のスタイル、例えば天皇の幼少時に摂政、天皇が成人になったら関白が補任されるという制度が成立したからである。

また、この時期に六国史が終わり、天皇や貴族が日記を書くようになって、それが歴史学の史料ともなるという史料の変化の時期とも重なっている。そのため、『日記から読む摂関政治』というタイトルの本書では、穏子と忠平の時代から書き始めたわけである。

さらに本書は、第一章「後宮から見た摂関政治」と第二章「天皇・貴族から見た摂関政治」という二章構成になっているが、第一章では摂関政治を「後宮」という視点から見ており、第二章では「天皇・貴族」に着目して見ている。

このように、もう一人の著者東海林亜矢子さんと分担して書き始めたのであるが、結果的に東海林さん担当の第一章では、穏子・忠平の時代以降の摂関政治の展開過程を、「後宮」という視点から見ていくことになった。一方、私の担当した第二章では、藤原道長時代の摂関政治について、天皇・摂関・貴族がどのように関係していたのかを見ていくことになった。

こうして、図らずも、摂関政治の時代的流れとある時期の摂関政治の構造を考えることになり、摂関政治を立体的に分析することになったと思う。

ただし、実際に書き進めていくと、第一章と第二章双方で同じ事件や人物を取り扱うこともあり、記述が重なった部分もある。しかし、それぞれ視点が異なるため、読者の方々にはそれぞれに違った印象を持たれたのではないだろうか。

そもそも本書を共同執筆した東海林さんのご専門は古代の「后」の研究であるが、従来のご自身の研究の範囲をさらに広げて書いていただき、穏子の日記にも触れるなど、読んでいて大変面白く勉強になった。この場を借りて心よりお礼を申し上げたい。

また、最後になるが、なかなか書き進めることができない私を叱咤激励して待ってくださった臨川書店の西之原一貴氏と本シリーズの監修者である倉本一宏先生に感謝申し上げる。

二〇二〇年五月　新型コロナウィルスの流行の収束を祈って

古瀬奈津子

古瀬奈津子（ふるせ　なつこ）

1954年、埼玉県生まれ。1983年、お茶の水女子大学大学院人間文化研究科（博士課程）単位取得退学。現在、お茶の水女子大学名誉教授、博士（文学）。

『日本古代王権と儀式』吉川弘文館、1998年。『摂関政治』（岩波新書　シリーズ日本古代史⑥）岩波書店、2011年。『東アジアの礼・儀式と支配構造』（編著）吉川弘文館、2016年。

東海林亜矢子（しょうじ　あやこ）

1969年、東京都生まれ。2010年、お茶の水女子大学大学院人間文化創成科学研究科（博士課程）単位取得退学。現在、慶應義塾大学非常勤講師、日本女子大学非常勤講師、博士（文学）。

「中宮大饗と拝礼」（『史学雑誌』第115編第12号、2006年）。「摂関期の后母」（服藤早苗編『平安朝の女性と政治文化』明石書店、2017年）。『平安時代の后と王権』吉川弘文館、2018年。

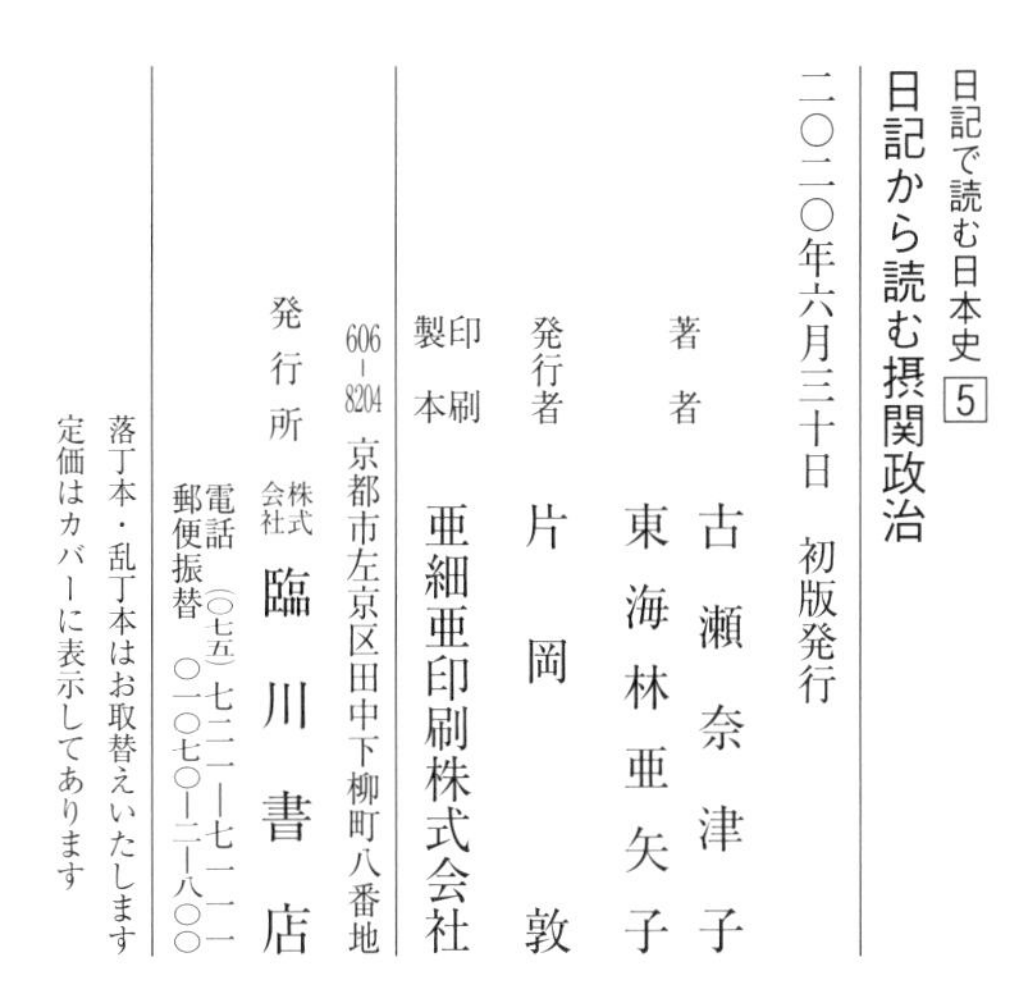

日記で読む日本史 5

日記から読む摂関政治

二〇二〇年六月三十日　初版発行

著者　古瀬奈津子　東海林亜矢子

発行者　片岡　敦

印刷製本　亜細亜印刷株式会社

606-8204　京都市左京区田中下柳町八番地

発行所　株式会社　臨川書店

電話　（〇七五）七二一—七一一一

郵便振替　〇一〇七〇—二—八〇〇

落丁本・乱丁本はお取替えいたします

定価はカバーに表示してあります

ISBN 978-4-653-04345-4　C0321　© 古瀬奈津子・東海林亜矢子　2020

〔ISBN 978-4-653-04340-9　C0321　セット〕

日記で読む日本史　全20巻

倉本一宏 監修

■四六判・上製・平均250頁・予価各巻本体 2,800円

ひとはなぜ日記を書き、他人の日記を読むのか？
平安官人の古記録や「紫式部日記」などから、「昭和天皇実録」に至るまで
——従来の学問的な枠組や時代に捉われることなく日記のもつ多面的な魅力を解き明かし、数多の日記が綴ってきた日本文化の深層に迫る。

〈詳細は内容見本をご請求ください〉

《各巻詳細》

1	日本人にとって日記とは何か		倉本一宏編	2,800円
2	平安貴族社会と具注暦		山下克明著	3,000円
3	宇多天皇の日記を読む	天皇自身が記した皇位継承と政争	古藤真平著	3,000円
4	『ためし』から読む更級日記	漢文日記・土佐日記・蜻蛉日記からの展開	石川久美子著	3,000円
5	日記から読む摂関政治		古瀬奈津子・東海林亜矢子著	3,200円
6	紫式部日記を読み解く	源氏物語の作者が見た宮廷社会	池田節子著	3,000円
7	平安宮廷の日記の利用法	『醍醐天皇御記』をめぐって	堀井佳代子著	3,000円
8	皇位継承の記録と文学	『栄花物語』の謎を考える	中村康夫著	2,800円
9	平安期日記文学総説	一人称の成立と展開	古橋信孝著	3,000円
10	王朝貴族の葬送儀礼と仏事		上野勝之著	3,000円
11	平安時代の国司の赴任	『時範記』をよむ	森　公章著	2,800円
12	物語がつくった驕れる平家	貴族日記にみる平家の実像	曽我良成著	2,800円
13	日記に魅入られた人々	王朝貴族と中世公家	松薗　斉著	2,800円
14	国宝『明月記』と藤原定家の世界		藤本孝一著	2,900円
15	日記の史料学	史料として読む面白さ	尾上陽介著	
16	徳川日本のナショナル・ライブラリー		松田泰代著	3,500円
17	琉球王国那覇役人の日記	福地家日記史料群	下郡　剛著	3,000円
18	クララ・ホイットニーが綴った明治の日々		佐野真由子著	3,300円
19	「日記」と「随筆」	ジャンル概念の日本史	鈴木貞美著	3,000円
20	昭和天皇と終戦		鈴木多聞著	

＊白抜は既刊・一部タイトル予定